Italienische Köstlichkeiten

Von Friederun Köhnen

Suppen 5
Gemüse und Salate 9
Vorspeisen 13
Pizza 18
Pasta 21
Fleischgerichte 25
Fisch 32
Süßspeisen-Desserts 36
Kuchen 40
Getränke 44
Kaffee 45

TOMUS VERLAG MÜNCHEN

D1844109

Die italienische Küche

Die Kunst, aus einfachen, natürlichen Zutaten Speisen von raffinierter Schlichtheit zuzubereiten, beherrscht kein Land so souverän wie Italien. In dem Land, das sich aus insgesamt 21 Regionen zusammensetzt, wird fast jeder Italiener als „bongustaio", auf deutsch „Feinschmecker", geboren. Er erwartet von jeder Mahlzeit – und sei sie noch so klein –, daß sie aus den besten, genau aufeinander abgestimmten Zutaten besteht und mit größter Sorgfalt zubereitet wird. Diese Art von Anspruch und Genauigkeit ist auch in den italienischen Restaurants unseres Landes zu beobachten. Die meisten Speisen werden dort erst nach der Bestellung zubereitet und kommen dann brutzelnd und verführerisch duftend auf den Tisch. – Italiens Küche richtet sich – wie die französische Küche – ganz nach den Regionen und Provinzen. Jede dieser Regionen kocht mit den Zutaten, die in ihrer Landschaft am besten gedeihen und nach Zubereitungsarten, die sich mit dem Klima am besten vertragen. Während die Lombardei für ihre safrangelben Risottogerichte bekannt ist, ist es Piemont wegen seiner trüffelreichen Speisen. In Rom hingegen werden mehr die rustikalen Speisen geschätzt, während die Abruzzen für ihre scharfe Würzung berühmt sind.

Egal, wie groß die sozialen Unterschiede sind, in der Küche der Armen und Reichen wird stets nach den gleichen Rezepten gekocht. Die Unterschiede liegen vielmehr darin, daß es in der Küche des armen Mannes lediglich ein- bis zweimal pro Woche Fisch oder Fleisch gibt, bei den Wohlhabenden hingegen ein- bis zweimal pro Tag. Auch die ersten teuren Früchte und das Gemüse, auch „primizie" genannt, kommen erst dann auf den Tisch, wenn sie auf dem Markt in Hülle und Fülle angeboten werden.

Obst und Gemüse gehören zu den größten Schätzen Italiens. Ihre hohe Qualität läßt sich auf verschiedene Gründe zurückführen. Einen großen Anteil daran trägt der Meeresdunst, der tagtäglich Salz und Mineralien landeinwärts trägt, die sich positiv auf den Geschmack auswirken. Gute Ergebnisse zieht auch die Verwendung von natürlichen Düngemitteln nach sich und nicht zuletzt das „Know-how", d. h. die geschickte italienische Hand.

Italiens Talent, Eßbares schmackhafter zu machen, hat das Land in ein wahres Kräuterparadies verwandelt. So gehören Kräuter wie Basilikum, frische und getrocknete Petersilie, wilder Majoran, Thymian, Rosmarin, Salbei, Estragon, Minze, Myrthe, Borretsch, Fenchelsamen, Wacholderbeeren, Nelken, Koriander, Safran, Stangensellerie und natürlich auch das berühmte Oregano zu der Kräuterküche eines jeden Haushalts – und sei er auch noch so klein. – Neben seinem weltberühmten Parma-Schinken, der in der Bergluft trockengereift wird, stellt Italien wohl mit das beste Olivenöl her. Führend ist Italien in der Eiszubereitung. Dabei unterscheidet man zwischen dem „gelati", dem Eis, das auf Milchbasis aufgebaut ist, und dem „granita", dem pudrigen Eis, das in Verbindung mit Zuckersaft hergestellt wird und mit einem starken Kaffee-, Zitronen- und Erdbeeraroma versehen ist. Der Italiener beginnt seine Hauptmahlzeit meist mit einer „pasta" oder Suppe. Weiter geht's dann mit einer Fisch- oder Fleischspeise in Verbindung mit einem Wurzel- oder Blattgemüse. Bei den ärmeren Leuten gibt es im allgemeinen nur eine „Pasta" mit Sauce, mit kleinen Fleischstückchen oder Muscheln. Anschließend wird das Essen mit Obst oder Käse oder auch beidem abgeschlossen.

„Weiterüben, in Italien soll es Spaghetti geben und nichts als Spaghetti!"

Suppen

An den Tagen, an denen bei den Italienern keine „pasta" auf dem Speisezettel steht, dampft mit Sicherheit ein bunter „minestrone" auf dem Herd. Diesen als „Süppchen" zu bezeichnen, wäre jedoch mehr als falsch, denn in ihr sind stets mehr als zwanzig verschiedene Bestandteile vereinigt. Im Gegensatz zu unserer hiesigen Küche, in der die Suppe meist als Vorspeise dient, ist sie in Italien großzügig sättigend und damit eine fast vollwertige Mahlzeit. Es scheint, daß sie die Aufgabe hat, dem Genießer zu beweisen, wie zahlreich und wohlschmeckend die Variationen sind, die sich aus einfachen Zutaten im Suppentopf „dichten" lassen. Besonders schmackhaft sind die dicken Suppen aus weißen Bohnen, in denen Speck oder geräucherte Schweinebacke durch stundenlanges Kochen zu einer zarten Delikatesse erweicht wird. Gekrönt werden die meisten „minestrone" noch durch eine Portion frisch geriebenem Parmesankäse, den eine sparsame Hausfrau selbst darüberstreut. Bei finanziell gut gestellten Leuten darf sich hingegen jeder selbst seine Idealportion auf die Suppe streuen. – Nicht weniger schmackhaft sind auch die köstlichen italienischen Fischsuppen.

Tomatensuppe Roma

250 g Zwiebeln,
40 g Butter oder Margarine,
½ l Tomatensaft,
1 Glas Weißwein,
1 Tasse Wasser,
2–3 Knoblauchzehen,
2 Lorbeerblätter, Thymian,
Salz, Pfeffer,
1 Glas Muscheln,
100 g Krabben (Glas),
½ Becher Creme fraîche.

Geschälte, gewürfelte Zwiebeln im erhitzten Fett goldgelb rösten. Mit Tomatensaft, Wein und Wasser auffüllen. Die zerdrückten Knoblauchzehen, Lorbeerblätter, Thymian, Salz und Pfeffer dazugeben und 8–10 Minuten sacht kochen lassen. Die Muscheln und Krabben abtropfen lassen und untermischen, nochmals 5 Minuten garen. Zum Schluß Creme fraîche unterziehen. Die Suppe in Suppentassen servieren.

Reissuppe

400 g frische oder tiefgekühlte Erbsen,
80 g Bauchspeck, 300 g Reis,
2 Eßlöffel Olivenöl, ½ Zwiebel,
gehackte Petersilie,
100 g geriebener Parmesankäse,
2½ l Fleischbrühe.

Fleischbrüheerhitzen.Bauchspeck würfeln. Zwiebel schälen und hacken. Öl erhitzen und die Zwiebel darin anbraten. Erbsen und Bauchspeck dazugeben und kurz andünsten. Fleischbrühe hinzufügen, aufkochen lassen. Reis zufügen und darin garen. Petersilie einstreuen. Parmesan dazureichen.

Artischocken-Gemüse-Suppe

(pro Person)

(s. Foto S. 6)

6 kleine Artischockenherzen (Dose),
¼ Gemüsesaft, Saft ¼ Zitrone,
Saft ¼ Zitrone,
Glutamat, Pfeffer,
3 Eßlöffel Creme fraîche.

Artischockenherzen pürieren und mit dem Gemüsesaft mischen. Dann mit Zitronensaft, Glutamat und Pfeffer abschmecken. Zum Schluß Creme fraîche unterziehen.

Broccoli-Suppe

1 l Rindfleischbrühe,
2 Ecken Schmelzkäse,
1 Knoblauchzehe,
300 g vorgegarten Broccoli,
Sherry

Die Brühe erhitzen, den Schmelzkäse darin zergehen lassen, den fertig gegarten, grob zerkleinerten Broccoli in der Suppe heiß werden lassen und mit einem kräftigen Schuß Sherry verfeinern.

Tomaten-Krabben-Suppe

(pro Person)

(s. Foto S. 6)

¼ l Tomatensaft,
Worcestersauce,
Salz, Zitronenpfeffer,
½ Becher saure Sahne,
100 g Krabben (tiefgekühlt),
Dillsträußchen zum Bestreuen.

Tomatensaft mit den Gewürzen abschmecken, die Sahne unterziehen. Zum Schluß die aufgetauten Krabben untermischen. Mit Dillsträußchen verzieren.

Gemüsesuppe

100 g getrocknete gelbe Bohnen, 2 Möhren
1 Stück Sellerie
2 Stangen Porree
2 Kartoffeln
1 große Zucchini, ¼ Weißkohl
2 Tomaten, 1 Zwiebel
1 Bund Petersilie
100 g durchwachsener Speck
60 g Butter
2 Liter Fleischbrühe, Pfeffer
Parmesankäse, Salz,
150 g Reis, Parmesankäse.

Bohnen über Nacht einweichen. Das Gemüse putzen, waschen und in Stücke schneiden. Tomaten häuten, entkernen und in kleine Stücke schneiden. Zwiebel schälen und feinhacken. Butter erhitzen und den gewürfelten Speck darin auslassen. Gehackte Petersilie zufügen. Dann die Tomaten und das Gemüse hineingeben und etwas andünsten. Brühe angießen und mit Salz und Pfeffer abschmecken. Alles ca. 45 Minuten kochen. Reis zugeben und alles nochmals 15 Minuten kochen. Suppe mit geriebenem Parmesankäse und gehackter Petersilie bestreuen.

Minestrone

150 g getrocknete Bohnen,
3 Stangen Bleichsellerie,
3 Karotten,
1 Zucchini,
3 Kartoffeln,
1 Fenchelknolle,
¼ Kopf Wirsing,
125 g durchwachsener Speck,
4 Eßlöffel Olivenöl,
1 Zwiebel,
2 Knoblauchzehen,
1 Bund Petersilie,
1 kleines Bund Basilikum,
einige Salbeiblätter,
2 ½ l Wasser,
Salz, Pfeffer,
150 g grüne Bohnen,
250 g Tomaten,
150 g frische Erbsen,
150 g Spaghetti,
Parmesankäse zum Bestreuen.

Bohnen über Nacht in kaltem Wasser einweichen. Einweichwasser abgießen. Bohnen in Salzwasser garkochen. Gemüse putzen, waschen und in Würfel bzw. Scheiben schneiden. Gewürfelten Speck in Öl mit Zwiebelwürfeln, gehacktem Knoblauch und Kräutern leicht anrösten. Gemüse zufügen, Wasser angießen und ca. 90 Minuten garen. Bohnen putzen, brechen. Tomaten häuten, entkernen und grob hacken. Mit den gekochten Bohnen zufügen, 30 Minuten kochen. Erbsen und Nudeln hinzufügen, 20 Minuten garen. Abschmecken. Den geriebenen Parmesankäse getrennt dazureichen.

Avocado-Creme-Suppe
(pro Person)

1 Avocado,
Zitronensaft,
¼ l Karottensaft,
Glutamat,
½ Becher saure Sahne.

Der Avocado die Schale entfernen, den Kern herauslösen, das Fruchtfleisch pürieren und mit Karottensaft mischen. Mit Glutamat abschmecken. Vor dem Servieren die Sahne unterziehen.

Oben von links nach rechts: Artischocken-Gemüse-Suppe, Tomaten-Krabben-Suppe, Erbsen-Gemüse-
Unten von links nach rechts: Tomaten-Gurken-Suppe, Pilz-Gemüse-Suppe, Zuppa alla Pavese

Tomaten-Gurken-Suppe
(pro Person)
(s. Foto oben)

¼ l Tomatensaft,
½ Salatgurke,
1 zerdrückte Knoblauchzehe,
Salz,
Paprikapulver,
1 Teelöffel Zitronensaft,
schwarzer Pfeffer,
1 Teelöffel Dill,
1 Becher Sahne-Dickmilch.

Salatgurke halbieren, die Kerne entfernen und die Gurke würfeln, einige Gurkenwürfel zum Verzieren aufheben. Tomatensaft mit zerdrückter Knoblauchzehe, Salz, Paprikapulver, Zitronensaft und Pfeffer abschmecken. Die Gurkenstückchen und Sahne-Dickmilch untermischen. Mit den restlichen Gurkenwürfelchen verzieren, gehackten Dill darüberstreuen.

Kürbissuppe

2 kg Kürbis,
6 Kartoffeln,
1 Zwiebel,
60 g Reismehl,
4 Eßlöffel Olivenöl,
2 l Gemüsebrühe,
½ l Sahne,
Salz, Pfeffer,
50 g Butter,
Brotwürfelchen,
geriebener Parmesankäse.

Kürbisschale, Kerne und Fasern entfernen und das Fruchtfleisch in Scheiben schneiden. Kartoffeln schälen, waschen und in Stücke schneiden. Zwiebel schälen, feinhacken und in Öl hellgelb braten. Kartoffeln und Kürbis dazugeben, andünsten. Reismehl in wenig Wasser anrühren und dazugießen. Gemü-

sebrühe angießen und alles ca. 1 Stunde kochen lassen. Die Suppe durchpassieren und nochmals aufkochen. Mit Salz und Pfeffer abschmecken. Sahne unterziehen. Butter erhitzen und die Brotwürfelchen darin leicht anrösten. Dann je nach Geschmack Suppe mit Brotwürfelchen und Parmesan würzen.

Spinatcreme-suppe

60 g Butter,
400 g tiefgekühlter Spinat,
1 Zwiebel,
1 Liter Fleischbrühe,
¼ Liter Milch,
40 g Mehl, Salz, Pfeffer,
Muskat, 2 Eigelb.

Butter erhitzen, Spinat darin dünsten, geriebene Zwiebel und Fleischbrühe zufügen und alles 15 Minuten kochen lassen. Dann die Suppe mit in Milch angerührtem Mehl binden und mit Salz, Pfeffer und Muskat abschmecken. Eigelb mit den Gewürzen verrühren. Im Wasserbad stocken lassen. In Würfel schneiden, über die Suppe geben.

Pilz-Gemüse-Suppe

(pro Person)

(s. Foto oben)

¼ l Gemüsesaft,
125 g frische Champignons,
Saft ½ Zitrone,
½ geriebene Zwiebel,
Glutamat, Pfeffer,
Knoblauchsalz,
3 Eßlöffel Creme fraîche,
1 Eßlöffel gehackte Petersilie.

Pilze putzen, mit Zitronensaft beträufeln und pürieren. Zwiebel daruntermischen, Gemüsesaft dazugießen und mit den Gewürzen abschmecken. Creme fraîche unterziehen. Mit gehackter Petersilie servieren.

Zuppa alla Pavese

(s. Foto links)

6 Scheiben Toastbrot,
2 l Fleischbrühe,
30 g Butter,
6 Eier,
Salz. Pfeffer,
geriebener Parmesankäse.

Brühe erhitzen. Brotscheiben in Butter rösten und auf Suppenteller verteilen. Auf jede Brotscheibe ein Ei aufschlagen und kurz in den vorgeheizten Backofen schieben, bis das Eiweiß fest ist. Herausnehmen. Brühe in jeden Teller geben. Mit Salz und Pfeffer abschmecken. Parmesankäse dazu reichen.

Erbsen-Gemüse-Suppe

(pro Person)

(s. Foto links)

¼ l Gemüsesaft,
80 g Erbsen (Dose),
20 g gekochte Schinkenstreifchen,
3 Eßlöffel saure Sahne,
1 Teelöffel gehackte Petersilie,
Salz, Pfeffer.

Erbsen pürieren, mit dem Gemüsesaft mischen, mit Salz und Pfeffer abschmekken. Die Sahne unterziehen. Die Schinkenstreifen mit Petersilie mischen und in die Suppe streuen.

Tomatensuppe

750 g Tomaten, 40 g Mehl
40 g Butter, Zucker, Salz
1 Eßlöffel gewiegte Petersilie
2 Zwiebeln, 50 g Sahne
Pfeffer, evtl. Paprikapulver
oder eine Knoblauchzehe.

Die Tomaten in Stücke schneiden und mit ¾ Liter Wasser etwa 10 Minuten sacht durchkochen lassen, dann durch ein Sieb streichen. Die Butter in einer Kasserolle schmelzen, die kleingeschnittenen Zwiebeln darin rösten, Mehl darüber stäuben, anschwitzen und mit der Tomatenbrühe auffüllen. Die Suppe mit Salz, Pfeffer und einer Prise Zucker abschmecken und nach Wunsch mit zerdrückter Knoblauchzehe oder Paprika würzen, in Tassen füllen, mit gewiegter Petersilie bestreuen und – mit der Sahne verfeinert – servieren.

Gazpacho

500 g Tomaten,
2 Zwiebeln,
500 g Salatgurken,
500 g rote und grüne Paprikaschoten,
4 Eßlöffel Olivenöl,
200 g Weiß-oder Graubrot,
2 Knoblauchzehen,
Salz, Pfeffer,
4 Eßlöffel Rotweinessig,
½ l Fleischbrühe,
1 l Tomatensaft.

Tomaten mit kochendem Wasser überbrühen und häuten. Geschälte Zwiebeln, Salatgurken, vorbereitete Paprikaschoten in Würfel schneiden, Knoblauchzehen schälen, zerdrücken, Brot würfeln. Zutaten mit Tomatensaft, Brühe, Öl und den Gewürzen pürieren. Brotwürfel rösten und dazureichen. Nach Belieben frische Tomaten-, Gurken- und Paprikawürfel dazu servieren.

Italienische Frühlingssuppe

500 g Suppenfleisch,
125 g Sandknochen,
1 ½ l Salzwasser,
1 mittlere Stange Porree,
200 g Möhren,
2 Zwiebeln,
gehackte Petersilie,
Suppenwürze.

Suppenfleisch mit den gewaschenen Knochen in Salzwasser aufsetzen und zum Kochen bringen. Dann bei geringer Hitze ca. 2–3 Stunden sieden lassen. Die Brühe durchseihen. Das geputzte, kleingeschnittene Gemüse hinzufügen und nochmals 30 Minuten sieden lassen. Suppe mit Suppenwürze abschmecken und mit Petersilie anrichten.

Italienische Käsesuppe

50 g geriebener Käse
1 Tasse Sahne
2 Eßlöffel Butter
1 Liter Fleischbrühe
2 Brötchen
1 Teelöffel gemahlener Kümmel, Salz, Pfeffer
2 Eßlöffel gehackte Petersilie.

Die Brötchen klein würfeln und in Butter rösten. Fleischbrühe hinzugießen und die Suppe mit Kümmel auf kleiner Flamme 10 Minuten sacht kochen lassen. Sahne angießen, die Suppe von der Kochstelle nehmen und den Käse mit dem Schneebesen unterrühren. Nun nach Geschmack salzen und pfeffern. Mit Petersilie bestreut servieren.

Rote Fischsuppe

500 g Fischfilet,
500 g Zwiebeln,
2 Paprikaschoten,
2 Eßlöffel Olivenöl,
1 l Gemüsesaft,
Salz, Pfeffer,
1 Teelöffel grüne Pfefferkörner,
Paprikapulver,
1 Lorbeerblatt,
Saft ½ Zitrone,
1 Eßlöffel feingehackter Dill.

Fisch in Würfel schneiden und mit den gewürfelten Zwiebeln und Paprikastreifchen im erhitzten Öl andünsten. Mit dem Saft auffüllen. Die Gewürze hinzufügen und 30 Minuten ziehen lassen. Die Suppe in Suppentassen geben und mit Dill bestreuen.

Party-Suppe

2 große Zwiebeln,
1 Eßlöffel Fett,
250 g Hackfleisch,
1 Eßlöffel Mehl,
½ Liter Tomatensaft,
½ Liter Fleischbrühe (Würfel),
Salz, Pfeffer, Paprikapulver,
Tomatenmark, Cayennepfeffer,
1 Tasse Chips,
1 Dose Maiskörner.

Feingehackte Zwiebeln im erhitzten Fett andünsten, das Hackfleisch dazugeben und durchschmoren. Dann mit Mehl bestäuben und mit Tomatensaft und Fleischbrühe auffüllen. Die Suppe 5 Minuten durchkochen lassen und kräftig mit Salz, Pfeffer, Paprikapulver, Tomatenmark und Cayennepfeffer abschmecken. Zum Schluß die Maiskörner untermischen. Die Suppe in Tassen oder Teller füllen. Dazu Chips reichen.

Speckklößchen in Brühe

40 g Mehl
400 g altbackene Brötchen
¼ Liter Milch
150 g geräucherter Bauchspeck
100 g Butter oder Margarine
4 Eier
1 zerdrückte Knoblauchzehe
10 g gehackte Petersilie
Salz, Pfeffer
1,5 Liter Instant-Fleischbrühe.

Brötchen in eine Schüssel geben und mit der heißen Milch übergießen, dann mit der Gabel zerdrücken. Nach und nach die Eier untermengen. Zerlassene Butter oder Margarine, Knoblauch und Petersilie zufügen. Speck würfeln, auslassen und zu der Masse geben. Alles gut verkneten und mit Salz und Pfeffer abschmecken. Aus dem Teig mit nassen Händen Klöße formen und diese in Mehl wälzen. Brühe aufkochen und die Klöße darin garziehen lassen.

Kürbissuppe

1 kg Kürbis, 4 Kartoffeln
1 Zwiebel,
40 g Reis,
3 Eßlöffel Olivenöl
1,5 Liter Instant-Brühe
⅛ Liter süße Sahne
Salz,
Pfeffer,
2 Scheiben Weißbrot
10 g Butter.

Kürbis schälen und das Fruchtfleisch in Würfel schneiden. Kartoffeln schälen, waschen und in Scheiben schneiden. Zwiebel schälen und feinhacken. Öl erhitzen und die Zwiebel darin dünsten. Kürbiswürfel, Kartoffelscheiben zufügen. Brühe angießen und ca. 60 Minuten garen. 15 Minuten vor Ende der Garzeit den Reis hineingeben und garen. Mit Salz und Pfeffer abschmecken. Sahne hineinrühren. Butter erhitzen und die Brotwürfel darin rösten. Brotwürfel zu der Suppe reichen.

Gemüse und Salate

Ein Bild von überwältigender Farbprächtigkeit bietet sich den Besuchern des Obst- und Gemüsemarktes, auf dem leuchtend rote Tomaten, zarte Orangen, gartenfrische Karotten, vitaminreiche knackiggrüne Salate zum Vegetieren verführen. Italien ist reich an diesen Früchten, so daß viele von ihnen ins Ausland exportiert werden können. Die Italiener gestalten aus ihrem Gemüse und Salaten (verdure ed insalate) nicht selten ein Hauptgericht, das Fleisch und Fisch ersetzt. – Auf den italienischen Speisekarten machen die Italiener eine preislich starke Trennung zwischen dem „primizie“ (Frühgemüse) und dem „legumi“, d. h. dem normalen Gemüse. Dazu zählen Spinat, Bohnen und auch Fenchel, allgemein gesagt Alltagsgemüse, während Spargel, Steinpilze und auch die ersten Artischocken zu der Gruppe der „primizie“ gehören, die nur eine kurze Saison angeboten und deshalb nur teuer auf den Markt gebracht werden können. Ein fast stiefmütterliches Dasein hat in Italien allerdings die Kartoffel, die nur genießbar ist, wenn sie vorher mit im Backofen gebacken wurde. Ansonsten sind die Erdäpfel dort meist feucht und fade.

Süß-saure Zwiebeln

750 g kleine Zwiebeln,
100 g Schinkenspeck,
50 g Schmalz,
2 Eßlöffel Zucker,
½ Tasse Weinessig,
Salz, Pfeffer.

Zwiebeln schälen. Schinkenspeck würfeln. Schinkenspeck in dem Schmalz langsam ausbraten. Die Schinkengrieben aus dem Fett nehmen. Die Zwiebeln in das Fett geben und goldgelb rösten. Zucker hineingeben, Essig aufgießen. Alles ca. 45 Minuten dünsten. Mit Salz und Pfeffer abschmecken. Grieben darübergeben.

Gebackene gefüllte Paprikaschoten

4 grüne Paprikaschoten
4 Eßlöffel Butter oder Margarine, 150 g Weißbrot
2 Teelöffel feingehackter Knoblauch
50 g Anchovisfilets
6 Eßlöffel Kapern
8 schwarze Oliven
4 Eßlöffel feingehackte Petersilie, Salz, Pfeffer
Olivenöl.

Paprikaschoten halbieren, alle weißen Teile entfernen und die Schoten waschen. Butter oder Margarine erhitzen, kleingeschnittenes Weißbrot darin goldgelb rösten. Knoblauch, kleingeschnittene Anchovisfilets, Kapern, Oliven und Petersilie hinzufügen und gut vermengen. Mit Salz und Pfeffer würzen. Masse in die Paprikaschotenhälften füllen. Die Paprikaschoten in eine geölte feuerfeste Form setzen und im vorgeheizten Backofen bei 175 Grad ca. 40 Minuten garen.

Weiße Bohnen nach Florentiner Art

500 g weiße Bohnen
Wasser, 2 Eßlöffel Öl
2 zerdrückte Knoblauchzehen
1 Salbeizweig, 1 Tomate
1 Stückchen Sellerie
Salz, Pfeffer.

Bohnen in reichlich Wasser über Nacht einweichen. Tomaten waschen und vierteln. Sellerie schälen und feinwürfeln. Bohnen im Einweichwasser 30 Minuten kochen. Die restlichen Zutaten zugeben und weitere 60 Minuten garen. Mit Salz und Pfeffer abschmecken.

Zucchini-Topf

250 g Hackfleisch, Salz,
2 Zwiebeln,
2 Eßlöffel Olivenöl,
500 g Zucchini,
1 Bund Dill,
1 Bund Petersilie,
5 Eier,
Butter oder Margarine zum Einfetten,
1 Eßlöffel Semmelbrösel,
Pfeffer.

Zwiebeln schälen und feinhacken. Öl erhitzen und die Zwiebeln darin weichdünsten. Hackfleisch zugeben und leicht anbraten. Mit Salz und Pfeffer abschmecken. Zucchini in Würfel schneiden. Kräuter feinhacken. Das gewürzte Hackfleisch mit Zucchini und Kräutern mischen. Eier verquirlen, mit einem Löffel unter das Hackfleisch heben. Eine Auflaufform mit Butter oder Margarine ausstreichen und mit Semmelbrösel ausstreuen. Die Hackfleischmasse hineinfüllen und im vorgeheizten Backofen bei 175 °C ca. 30 Minuten garen, bis das Ei gestockt ist. Nach Wunsch mit Dill verzieren.

Gefüllte Zwiebeln

100 g Schinken, 1 Brötchen
6 mittelgroße Zwiebeln, 1 Ei
1 Eßlöffel gehackte Petersilie
2 Eßlöffel geriebener Käse
Salz, Pfeffer
20 g Butter oder Margarine
30 g Zucker
⅛ Liter Instant-Fleischbrühe.

Feingeschnittenen Schinken mit eingeweichtem, ausgedrücktem Brötchen, Ei, Petersilie, Käse vermischen und mit Salz und Pfeffer abschmecken. Zwiebeln schälen, aushöhlen, das Innere kleinhacken und zu der Masse geben. Masse in die ausgehöhlten Zwiebeln füllen und in eine gefettete Kasserolle setzen. Butter erhitzen und den Zucker darin bräunen, mit Brühe aufgießen und über die Zwiebeln geben. Ca. 40 Minuten bei mittlerer Hitze dünsten.

Fenchelknollengemüse: Eine Beilage mit unverwechselbarem Geschmack

Fenchelknollengemüse

(s. Foto oben)

6 kleine Fenchelknollen,
1 Knoblauchzehe,
1 Eßlöffel Olivenöl,
Salz, Pfeffer,
½ Tasse Instant-Brühe.

Die Stiele oberhalb der Fenchelknolle abschneiden, braune Stellen und Blätter entfernen, zartes Blattgrün feinhacken und beiseite legen. Die Wurzelenden gerade schneiden. Die Knollen in Viertel schneiden und im erhitzten Öl anbraten, in Scheiben geschnittene Knoblauchzehe, Salz und Pfeffer dazugeben und ca. 10 Minuten unter Rühren garen. Die Brühe dazugießen und bei schwacher Hitze ca. 30 Minuten garen. Dann mit Fenchelgrün garnieren und anrichten.

Auberginen-Tomaten-Auflauf

4 Zwiebeln,
3 Zucchini,
5 Tomaten,
3 Auberginen,
Olivenöl, Pfeffer,
80 g Semmelmehl,
100 g geriebener Mozzarella.

Die Zwiebeln in Scheiben schneiden und im heißen Öl glasig werden lassen. Eine große Auflaufform mit einer Schicht Zwiebeln auslegen. Zucchini und Auberginen waschen, in Scheiben schneiden und kurz blanchieren, die Tomaten in dicke Scheiben schneiden. Zucchini, Auberginen und Tomaten nacheinander in die Auflaufform schichten. Jede Schicht mit Öl beträufeln, salzen und pfeffern. Semmelbrösel und Käse darüberstreuen, mit Öl beträufeln und im vorgeheizten Backofen bei 175 °C ca. 40 Minuten backen. Das Gericht kann auch als vollwertige Mahlzeit dienen!

Gratiniertes Fenchelgemüse

6 mittelgroße Fenchelknollen,
Salz,
50 g Butter,
30 g Mehl,
¼ Liter Milch,
⅛ Liter Gemüsekochwasser,
Pfeffer, Muskat,
30 g geriebener Parmesankäse,
30 g Butterflöckchen.

Fenchelknollen von den welken Stellen befreien. Die Blätter abschneiden und das Gemüse halbieren. In kochendem Salzwasser etwa 40 Minuten weichkochen. Das Gemüse aus dem Wasser nehmen und gut abtropfen lassen. Butter zerlassen, das Mehl darin hellgelb rösten. Unter Rühren nach und nach die Milch und das Gemüsewasser hinzugießen. Bei leichter Hitze 5 Minuten durchkochen lassen. Mit Salz, Pfeffer und Muskat abschmecken. Die Fenchelknollen auf eine gebutterte feuerfeste Platte legen, mit der Sauce übergießen. Mit Butterflöckchen belegen und mit Parmesankäse bestreuen. Im vorgeheizten Backofen ca. 10 Minuten bei 200 °C backen.

Palmenherzen

1 Dose Palmenherzen,
3 Eßlöffel Olivenöl,
4 Sardellenfilets,
Pfeffer,
Saft von 1 Zitrone,
1 Bund Petersilie.

Palmenherzen auf einem Sieb abtropfen lassen und die Hälfte davon in ca. 2 cm dicke Scheiben schneiden. Die restlichen der Länge nach halbieren. Sardellen und Petersilie feinhacken, mit Öl, Pfeffer und Zitronensaft vermischen und die Palmenherzen vor dem Servieren damit beträufeln.

Stangensellerie-Gemüse

(s. Foto rechts)

2 Stauden Stangensellerie,
½ Tasse Instant-Brühe,
Salz, Pfeffer,
30 g Butter oder Margarine.

Blätter und Wurzeln entfernen und das Gemüse in Stükke schneiden. Butter oder Margarine erhitzen und die Gemüsestücke darin andünsten, salzen, pfeffern und mit der Brühe auffüllen, ca. 15 Minuten garen.

Peperonata

(s. Foto rechts)

Je 2 rote und grüne Paprikaschoten,
2 Zwiebeln,
4 Tomaten,
1 Eßlöffel Olivenöl,
Salz, Pfeffer,
½ Tasse Instantbrühe.

Paprikaschoten entkernen, waschen und in feine Streifen schneiden. Öl erhitzen und die Paprikastreifen darin andünsten, die kleingehackten Zwiebeln dazugeben, ebenfalls die geachtelten Tomaten. Alles kurz durchschmoren lassen und mit Brühe auffüllen. Mit Salz und Pfeffer abschmecken, nochmals ca. 30 Minuten dünsten.

Stangenselleriegemüse und Peperonata: Beides schmeckt besonders gut zu gebratenem Fleisch

Artischockengemüse

6 kleine Artischocken,
100 g durchwachsener Speck,
2 Eßlöffel Olivenöl,
10 Schalotten,
500 g kleine Kartoffeln,
⅛ Liter Fleischbrühe,
⅛ Liter Weißwein,
Salz, Pfeffer.

Von den Artischocken Stiele und trockene Blattspitzen entfernen. Artischocken waschen, vierteln und – wenn nötig – das Heu entfernen. Gewürfelten Speck und geschälte Schalotten in Öl glasig braten. Artischocken und geschälte Kartoffeln untermischen. Kurz schmoren, Brühe und Wein angießen, würzen und ca. 35 Minuten schmoren.

Chicoree mit Schinken

500 g Chicoreestauden,
50 g Butter,
200 g roher Schinken.

Den Chicoreestauden den festen Kern ausstechen, die Stauden mit Schinken und Butterflöckchen in eine gefettete feuerfeste Form geben. Im Backofen bei Mittelhitze ca. 30 Minuten garen.

Broccoli mit Zitronensaft

1 kg Broccoli,
Salz,
4 Eßlöffel Olivenöl
1 Zitrone, Pfeffer.

Broccoli putzen, waschen und in Röschen zerlegen. Wasser mit Salz zum Kochen bringen und den Broccoli darin ca. 20–25 Minuten garen. Öl, Zitronensaft, Salz und Pfeffer zu einer Marinade rühren und über den abgetropften Broccoli geben.

Karottensalat

5 große Möhren, 1 Zwiebel
3 Sardellenfilets
3 Eßlöffel Olivenöl
1 Eßlöffel Essig, Zitronensaft
Pfeffer.

Möhren waschen, schälen und raffeln. Zwiebel schälen und in kleine Würfel schneiden. Sardellenfilets feinhacken. Öl mit Essig, Zitronensaft und Pfeffer verrühren. Alles gut mischen.

Bohnen-Tomaten-Gemüse

1 kg grüne Bohnen,
500 g Tomaten,
5 Eßlöffel Olivenöl,
1 Zwiebel,
Thymian, Salz,
Pfeffer, Petersilie.

Bohnen abfädeln. Tomaten überbrühen, häuten und in Stückchen schneiden. Öl erhitzen, in Würfel geschnittene Zwiebel darin glasig dünsten, Tomaten hinzufügen. Kurz durchbraten und die Bohnen hinzufügen. Mit Thymian, Salz und Pfeffer abschmecken. Nach 10 Minuten eine halbe Tasse Wasser zu dem Gemüse geben und weitere 10 Minuten garkochen. Mit gehackter Petersilie bestreuen.

Spargelplatte

2 kg Stangenspargel,
1 l Salzwasser,
100 g Butter,
2 hartgekochte Eier,
1 Teelöffel Salz,
½ Teelöffel Zucker,
2 Eßlöffel feingehackte Petersilie.

Den Spargel vom Kopf zur Schnittfläche gründlich schälen. Salzwasser mit Zucker und 1 Teelöffel Butter zum Kochen bringen und den Spargel ca. 25 Minuten darin ziehen lassen. Dann herausnehmen, auf eine Platte geben und mit flüssiger Butter übergießen. Mit zerdrücktem Ei und feingehackter Petersilie bestreuen. Dazu Salzkartoffeln reichen.

Tomatensalat

500 g Tomaten
4 Eßlöffel Olivenöl
2 Eßlöffel Weinessig
1 Eßlöffel feingehacktes Basilikum
¼ Teelöffel feingehackter Knoblauch, 1 Teelöffel Salz
Pfeffer
1 kleingehackte Zwiebel
1 Eßlöffel feingehackte Petersilie.

Tomaten in Scheiben schneiden und in eine Schüssel geben. Restliche Zutaten gut vermischen und über die Tomatenscheiben geben.

Avocado-Orangen-Zwiebel-Salat

3 Orangen, 1 Avocado
3 Zwiebeln, Cayennepfeffer
Olivenöl, Essig
Zitronensaft,
Salz, Pfeffer,
2 Eßlöffel gehackte Petersilie.

Zwei Orangen schälen, häuten, in Spalten schneiden. Dritte Orange auspressen. Avocado halbieren und das Fruchtfleisch mit einem Löffel vorsichtig herauslösen. Würfeln und mit Zitronensaft beträufeln. Zwiebeln schälen und in Ringe schneiden. Orangensaft mit Cayennepfeffer, Essig, Salz, Pfeffer und Petersilie verrühren und über die Orangenspalten, Avocadostücke und Zwiebelringe gießen. Salat gut durchziehen lassen.

Grüne Salatschüssel

1 Kopf Salat
4 Eßlöffel Olivenöl
1 zerdrückte Knoblauchzehe
2 Sardellenfilets
1 Eßlöffel Essig
etwas Zitronensaft, Salz
Pfeffer.

Salat waschen, abtropfen lassen. Sardellenfilets feinhacken und mit Knoblauch, Öl, Essig, Zitronensaft, Salz und Pfeffer verrühren und über den Salat gießen.

Salat „Merano“

250 g frische Champignons,
Saft von 1 Zitrone,
150 g Salami,
2 Eßlöffel Mayonnaise,
2 Eßlöffel Essig,
1 Eßlöffel süße Sahne
½ Teelöffel Zucker,
¼ Teelöffel Salz,
¼ Teelöffel Pfeffer,
1 Eßlöffel feingehacktes Basilikum,
1 Bund feingehackte Petersilie,
2 hartgekochte Eier

Champignons putzen, waschen und blättrig schneiden. Mit Zitronensaft beträufeln und vermischen. Salami in Streifen schneiden. Mayonnaise mit Essig, Sahne, Zukker, Salz, Pfeffer, Basilikum und Petersilie vermischen. Eier pellen, feinhacken und unter die Sauce mischen. Pilze und Salamistreifen mit der Sauce vermengen und den Salat gut durchziehen lassen.

Pikanter Salat

500 g Thunfisch (Dose)
200 g grüne Oliven
4 hartgekochte Eier
5 Tomaten, 2 Peperoni
4 Eßlöffel Olivenöl
10 Sardellenfilets
Salz, Pfeffer
Saft von ½ Zitrone.

Tomaten waschen und in Scheiben schneiden. Eier pellen und achteln. Oliven entkernen. Peperoni kleinschneiden. Thunfisch aus der Dose nehmen und zerpflükken. Sardellen kleinschneiden. Tomatenscheiben, Eiachtel, Oliven, Peperoni, Thunfisch und Öl in eine Schüssel geben und mit Salz Pfeffer und Zitronensaft abschmecken.

Salat „Roma“

300 g grüne Paprikaschoten,
300 g Zwiebeln,
300 g Tomaten,
4 Eßlöffel Olivenöl,
½ Teelöffel Salz,
¼ Teelöffel Pfeffer,
2–3 Eßlöffel Weinessig

Paprikaschoten halbieren, putzen, von den weißen Teilen befreien, waschen und die Schoten in Streifen schneiden. Zwiebeln abziehen und in Ringe, Tomaten in Achtel schneiden. Öl, Essig, Salz und Pfeffer verrühren und mit Paprikastreifen, Zwiebelringen und Tomatenachteln vermischen. Gut durchziehen lassen.

Radieschen-Thunfisch-Salat

1 Dose Thunfisch,
3 hartgekochte Eier,
1 Bund Radieschen,
2 Eßlöffel Mayonnaise,
einige Eßlöffel Sahne,
Curry, 1 Prise Zucker,
1 Teelöffel Gin,
einige schöne Salatblätter.

Thunfisch auf einem Sieb abtropfen lassen und in grobe Stücke zerteilen. Eier schälen und mit den Radieschen in Scheiben schneiden. Mayonnaise, Sahne, Curry, Zucker und Gin verrühren. Cocktailgläser mit Salatblättern auslegen, Thunfischstücke, Ei- und Radieschenscheiben darauf verteilen. Mit der Sauce überziehen und mit Toast und Butter reichen.

Champignonsalat

250 g Champignons
1 Eßlöffel Zitronensaft
50 g Porree
3 Eßlöffel Olivenöl
Salz, Pfeffer.

Champignons waschen, putzen, blättrig schneiden und mit Zitronensaft beträufeln. Kleingeschnittenen Porree, Öl, Salz und Pfeffer hinzufügen. Salat gut durchmischen.

Vorspeisen

Italienreisende kennen das; man sitzt gerade in einem italienischen Restaurant und hat die Bestellung aufgegeben, als auch schon der Ober unaufgefordert eine Platte mit vielen verschiedenen Köstlichkeiten serviert. Es sind die „antipasti“ und sollen dem Gast die Zeit des unvermeidlichen Wartens auf die stets frisch zubereiteten Speisen vertreiben. Diese als Appetitanreger dienenden Vorspeisen sind stets einfach und leicht. Meist ist es gefülltes Gemüse wie Tomaten, Zwiebeln, Paprikaschoten und Artischocken oder „frutti di mare“; schöne Muscheln, die mit Zitronensaft beträufelt und dann direkt aus der Schale geschlürft werden oder gar eine ausgereifte Melone mit hauchdünn geschnittenem Schinken. Besonders beliebt ist auch „bruschetta“, eine Scheibe Landbrot, die am Feuer oder im Ofen frisch geröstet, dann leicht mit Knoblauch bestrichen und zum Schluß mit einem guten Olivenöl beträufelt wird. Dazu schmeckt ein guter Vino besonders gut und ist die richtige Grundlage für die beliebte „pasta“.

Melone al porto

(Melone mit Portwein auf Eis)

2 kleine Zuckermelonen,
1/4 Liter Portwein,
fein zerstoßenes Eis

Melonen quer zur Blüte halbieren. Kerne entfernen und das Fruchtfleisch mit einem Kugelausstecher herauslösen. Melonenkugeln mit Wein übergießen und im Kühlschrank ca. 2 Stunden marinieren lassen. Zerstoßenes Eis auf vier Teller verteilen, die Melonenhälften daraufstellen und mit den marinierten Melonenkugeln füllen. Mit der restlichen Weinmarinade begießen und sofort servieren.

Bunter Eiersalat

1 Kopf Salat,
1 Stück Salatgurke,
8 hartgekochte Eier,
2 Bund Radieschen,
1 Päckchen Kresse.
Sauce: 4 Eßlöffel Öl,
1/2 Zitrone, 1 gehackte Zwiebel,
Salz, Pfeffer.

Salat waschen und in mundgerechte Stücke teilen. Salatgurke in Scheiben schneiden. Eier schälen und in Achtel schneiden. Radieschen halbieren. Salatzutaten mit Kresse in Cocktailgläser schichten. Saucenzutaten verrühren und darübergießen.

Melonenschiffchen

2 Honigmelonen,
200 g Krabben,
200 g Rauchfleisch oder
magerer roher Schinken,
Weintrauben,
Cocktailkirschen,
Fett zum Ausbacken.
Für den Teig: 1 Ei, Salz,
100 g Mehl,
2–3 Eßlöffel Milch.

Aus Ei, Salz, Mehl und Milch einen dickflüssigen Pfannkuchenteig herstellen. Fett in einem Topf oder in der Friteuse erhitzen. Krabben in den Pfannkuchenteig tauchen und im heißen Fett schwimmend goldgelb ausbacken. Anschließend gut abtropfen lassen. Für die Melonenschiffchen die Melonen halbieren, vierteln und die Kerne entfernen. Die ausgebackenen Krabben abwechselnd mit Weintrauben und Cocktailkirschen auf kleine Holzspießchen stecken und auf den vorbereiteten Melonenschiffchen dekorativ anordnen. Rauchfleisch oder Schinken zu Röschen formen und ebenfalls auf den Melonenschiffchen dekorieren.

Leberhäppchen

8 kleine Hühnerleberscheiben
50 g Kapern, 1 Zwiebel
1 Knoblauchzehe
einige Salbeiblättchen
60 g Butter, Salz, Pfeffer
12 Scheiben Toast.

Geschälte Zwiebel, Leber und Kapern feinhacken. Knoblauch auspressen. Butter erhitzen, Zwiebel, Knoblauch, Leber und Kapern dazugeben. Mit Salz, Pfeffer und Salbeiblättchen abschmecken. Pürieren. Toastscheiben mit der Paste bestreichen und im vorgeheizten Backofen überbacken.

Hummertoast

1 Dose Hummerfleisch
150 g Mayonnaise
4 Eßlöffel Sahne
Saft von 1/2 Apfelsine
8 Salatblätter
8 Scheiben Frühstücksspeck
4 Scheiben Toast.

Das Hummerfleisch aus der Dose nehmen und in Stücke zerlegen. Die Mayonnaise mit der Sahne und dem Apfelsinensaft gut verrühren. Die Speckscheiben knusprig braun braten. Die gewaschenen, gut abgetropften Salatblätter mit Mayonnaise bestreichen und die Toastscheiben damit belegen. Das Hummerfleisch auf die Salatblätter legen und mit der restlichen Mayonnaise bestreichen. Die Toastscheiben mit den Speckscheiben garnieren.

Honigmelone Polenta

2 Honigmelonen,
1 Paket tiefgekühlte Erbsen,
1 Paket tiefgekühlte Möhren,
1 kleine Dose Champignons,
1 kleine Dose Stangenspargel,
Salz, Pfeffer,
4 Eßlöffel Mayonnaise,
Zitronensaft,
1 Prise Zucker.

Die Melonen halbieren und das Fruchtfleisch herauslösen. Erbsen und Möhren getrennt in heißem Wasser kurz blanchieren, auf einem Sieb abtropfen und erkalten lassen. Das Melonenfleisch in kleine Würfel schneiden und mit Spargelstückchen, Champignons und dem Gemüse gut vermischen. Alles in die Melonenhälften füllen. Aus Mayonnaise, Salz, Pfeffer, Zitronensaft und Zucker eine Marinade bereiten und darübergießen. Vor dem Servieren kaltstellen.

Gratinierte Cannelloni: Ein typisch italienisches Nudelgericht

Gratinierte Cannelloni

(s. Foto oben)

Nudelteig: 350 g Mehl,
4 Eier,
Salz, Olivenöl.
Fleischsauce: 500 g Gehacktes,
4 Eßlöffel Olivenöl,
2 Zwiebeln, Salz,
1 Teelöffel Kräuter der Provence,
1 Glas Wein,
1 große Dose geschälte Tomaten.
Füllung: 100 g Butter,
1 kleine Zwiebel,
1 kleine Möhre,
1 Eßlöffel gehackte gemischte Kräuter,
500 g Gehacktes,
100 g Parmaschinken,
1 kleine Dose Champignons,
Salz,
frisch gemahlene Muskatnuß,
½ Glas Weißwein,
2 Teelöffel Mehl,
1 große Dose geschälte Tomaten,
120 g geriebener Gouda.

Aus dem Mehl, den Eiern, Salz und Olivenöl einen Teig kneten und ca. 3 mm dick ausrollen. 7,5 x 10 cm große Rechtecke ausschneiden und nebeneinander ca. 1 Minute kochen. Mit einem Schaumlöffel herausnehmen, nebeneinander auf ein Tuch legen und abkühlen lassen. Für die Fleischsauce Zwiebeln schälen und feinwürfeln. Im erhitzten Öl kurz dünsten. Gehacktes mit Salz und Kräuern dazugeben. Ca. 10 Minuten braten. Wein und geschälte Tomaten zufügen und alles in ca. 15 Minuten fertiggaren. Für die Füllung Butter in einer Pfanne erhitzen und die Zwiebel- und Möhrenstücke und die Kräuter darin bei schwacher Hitze leicht bräunen. Gehacktes, den Schinken und die Pilze hinzufügen und unter Rühren kurz erhitzen. Einige Minuten unter gelegentlichem Rühren alles zusammen garen. Mit Salz, Pfeffer und Muskat würzen, den Wein angießen und bei starker Hitze kochen lassen, bis der Wein verdampft ist. Mit Mehl binden. Die geschälten Tomaten zum Schluß hinzugeben. – Füllung auf die Teigrechtecke verteilen, den Teig aufrollen und die Cannelloni in eine gefettete feuerfeste Form legen. Fleischsauce darübergeben, mit Käse bestreuen und die restliche Butter in Flöckchen darauf verteilen. Im vorgeheizten Backofen bei 180 °C ca. 20 Minuten goldbraun überbakken.

Häppchen alla Toscana

8 Hühnerleberchen,
50 g Kapern,
½ Zwiebel,
2 Knoblauchzehen,
3 Salbeiblätter,
60 g Butter,
Salz, Pfeffer,
12 Scheiben Toast

Zwiebel abziehen und mit der Leber und den Kapern feinhacken. Butter erhitzen und die feingehackte Zwiebel mit den abgezogenen, zerdrückten Knoblauchzehen darin andünsten. Leber, Kapern, Salz, Pfeffer und feingeschnittene Salbeiblätter hinzufügen. Toastscheiben vierteln, mit der Paste bestreichen und im vorgeheizten Backofen bei 175 Grad 5–10 Minuten überbacken.

Kartoffeltorte

1 kg Kartoffeln, 2 Zwiebeln
100 g Bauchspeck
1 Knoblauchzehe
1 Päckchen Bratensauce
Salz, Pfeffer, 30 g Butter
⅛ Liter Instant-Brühe.

Kartoffeln schälen, waschen und in dicke Scheiben schneiden. Zwiebeln und Knoblauch schälen und feinhacken. Eine Springform mit

Speckscheiben auslegen. Kartoffeln hineinschichten und zwischen jede Lage Zwiebeln, Salz, Pfeffer, angerührte Bratensauce und etwas Butter geben. Mit Butterflöckchen belegen und im vorgeheizten Backofen bei 175 Grad ca. 45 Minuten backen. Während des Garens mit Brühe beträufeln.

Spinat-Gnocchi

(s. Foto rechts)

8 Eßlöffel Butter oder Margarine,
600 g tiefgekühlter Blattspinat (gut ausgedrückt) oder 750 g frischer, gekochter Spinat (ausgedrückt und feingehackt),
50 g durchgesiebter Quark,
2 verschlagene Eier,
12 Eßlöffel Mehl,
80 g geriebener Gouda,
½ Teelöffel Salz,
½ Teelöffel Pfeffer,
1 Prise Muskat,
3 l Salzwasser.

Die Hälfte der Butter oder Margarine in einem Topf zerlassen. Spinat hineingeben und 2–3 Minuten schmoren. Quark hinzufügen und weitere 3–4 Minuten kochen. Pfanneninhalt in eine Rührschüssel geben, Eier, Mehl, 60 g geriebenen Käse, Salz, Pfeffer und Muskat untermischen. Masse 1 Stunde kalt stellen, bis die Mischung ganz fest ist. Gnocchi-Masse mit leicht bemehlten Händen zu kleinen Bällchen von ca. 3 cm Durchmesser formen. Diese in kochendem Salzwasser 5–8 Minuten kochen lassen. Mit einem Schaumlöffel herausnehmen und abtropfen lassen. 2 Eßlöffel Butter oder Margarine in einer Auflaufform zerlassen, die Gnocchi hineinlegen und die restliche zerlassene Butter oder Margarine darüberträufeln. Mit Käse bestreuen, kurz übergrillen, bis der Käse schmilzt.

Gnocchi: Eine herzhafte Vorspeise

Gnocchi alla Romana

(s. Foto oben)

½ l Milch,
1 ½ Teelöffel Salz,
1 Prise Muskat,
schwarzer Pfeffer,
250 g Grieß,
4 Eier,
4 Eßlöffel Butter oder Margarine,
1 Tasse geriebener Gouda.

Milch mit Salz, Muskat und Pfeffer zum Kochen bringen. Grieß einstreuen und so lange rühren, bis der Grieß fest ist. Den Topf von der Kochstelle nehmen und die Eier mit dem Käse in den Grießbrei rühren. Backblech einfetten und die Masse ca. ½ cm dick daraufstreichen. Mindestens 1 Stunde im Kühlschrank ruhen lassen. Mit einer Plätzchenform Kreise ausstechen. Eine feuerfeste Form mit Butter oder Margarine ausstreichen, die Plätzchen in die Form legen, mit dem restlichen Käse bestreuen und im vorgeheizten Backofen bei 225 °C ca. 15 Minuten backen.

Reis mit Bohnen

250 g getrocknete Bohnenkerne, 250 g Reis
1 Zwiebel, 1 Möhre
½ Selleriestange, 2 Tomaten
1 Stückchen Peperoni
⅛ Liter Olivenöl
geriebener Parmesankäse
Salz.

Bohnen über Nacht in kaltem Wasser einweichen. Salz zugeben und die Bohnen ca. 1 Stunde garen. Bohnen herausnehmen und abtropfen lassen. Gemüse putzen und grob zerkleinern. Tomaten schälen und in Streifen schneiden und mit feingehackter Peperoni im Öl andünsten. Bohnen, Gemüse und Reis zugeben. Einweichwasser angießen und alles ca. 20 Minuten garen. Mit Parmesankäse bestreuen.

Tomaten im Erbsenbett

150 g Reis,
1 Zwiebel,
5 Eßlöffel Olivenöl,
1 kg Tomaten,
2 Eßlöffel Tomatenmark,
Salz, ½ l Brühe,
1 Paket tiefgekühlte Erbsen,
4 Eßlöffel geriebener Käse,
Butter oder Margarine.

Reis mit Zwiebelwürfeln in Öl anbraten. Tomaten waschen und einen Deckel abschneiden. Aushöhlen. Reis mit Tomatenmark mischen und salzen. Brühe angießen und den Reis ca. 15 Min. garen. Tomaten in eine feuerfeste Schale setzen. Kurz vor Ende der Garzeit die Hälfte der Erbsen zugeben. Den Reis in die Tomaten füllen. Butter- oder Margarineflöckchen aufsetzen und mit Käse bestreuen. Die restlichen Erbsen und das ausgehöhlte Tomatenfleisch um die Tomaten in die Form legen. Im Backofen bei 225 °C ca. 15 Minuten backen.

Birnen mit Gorgonzolafüllung

4 Birnen
1 Eßlöffel Zitronensaft
50 g Gorgonzola
2 Eßlöffel Butter
2 Eßlöffel gemahlene Walnüsse.

Birnen schälen, der Länge nach halbieren, das Kerngehäuse entfernen und aus jeder Birnenhälfte etwas Fruchtfleisch mit einem Eßlöffel herausnehmen. Birnenhälften innen und außen mit Zitronensaft beträufeln. Gorgonzola mit Butter verrühren. Je 1 Eßlöffel der Käse-Buttermischung in die Birnenhälften füllen. Birnen mit den feingemahlenen Nüssen bestreuen und einige Zeit kühl stellen.

Gefüllte Kartoffeln

4 mittelgroße Kartoffeln,
2 Eßlöffel Butter,
1 Eßlöffel Rahm,
1 Eßlöffel Petersilie, Salz.

Kartoffeln 40 Minuten in der Schale im Backofen backen und aushöhlen. Die Kartoffelmasse pürieren, mit Butter, Rahm, Petersilie und Salz vermischen und wieder in die Kartoffeln zurückfüllen.

Tomaten-Polenta mit italienischem Gemüse

1 Dose Tomatensaft, Wasser,
Salz, Oregano, 1 Zwiebel,
Knoblauchpulver,
Polenta-Grieß,
4 Eßlöffel Olivenöl,
200 g Gemüsezwiebeln,
250 g Zucchini,
250 g Auberginen,
1 Gläschen schwarze Oliven,
1 Glas eingelegter Paprika,
Petersilie.

Tomatensaft mit Wasser auf ½ l Wasser auffüllen und zum Kochen bringen. Salz, Oregano, feingehackte Zwiebel, Knoblauchpulver hinzufügen und den Grieß einstreuen. Unter Rühren dickkochen. In einer Pfanne Öl erhitzen, in Scheiben geschnittene Zwiebeln, Zucchini, Auberginen darin andünsten. Mit den Gewürzen abschmecken. Dann mit Oliven, Paprika und Petersilie verzieren und Polenta reichen.

Gefüllte Eier

6 Eier, 3 Sardellenfilets
60 g Thunfisch in Olivenöl
½ Teelöffel scharfer Senf
2 Eßlöffel Mayonnaise.

Eier hartkochen und abschrecken. Dann schälen, der Länge nach halbieren und das Eigelb herausnehmen. Eigelb, Thunfisch und Sardellen pürieren und mit Mayonnaise und Senf vermengen, so daß eine Paste entsteht. Diese dann in die Eierhälften zurückfüllen.

Prosciutto con melone
(Schinken mit Melone)

1 kleine reife Honigmelone,
grober Pfeffer,
8 dünne Scheiben Parmaschinken

Die gut gekühlte Melone in acht Teile schneiden. Schale und Kerne jeweils entfernen und die einzelnen Melonenstückchen mit Pfeffer bestreuen. Jeweils mit einer zu einem Röschen gelegten Schinkenscheibe belegen und servieren.

Insalata mista

3 Tomaten,
1–2 Zwiebeln,
1 Salatgurke,
150 g Krabben oder Shrimps,
2 Eßlöffel Kapern,
12 gefüllte Oliven,
½ Bund Petersilie,
1 hartgekochtes Ei,
1 kleiner Kopfsalat,
1 Knoblauchzehe,
Salz,
schwarzer Pfeffer,
3 Eßlöffel Essig,
5 Eßlöffel Olivenöl.

Tomaten in Achtel, Zwiebeln und Gurke in Scheiben schneiden. Krabben oder Shrimps, Kapern und Oliven zufügen. Petersilie und Ei hacken. Alles in eine mit Salatblättern ausgelegte Schüssel geben. Knoblauch mit Salz zerdrücken, Pfeffer, Essig und Öl verrühren. Über den Salat gießen, sofort servieren und erst bei Tisch mischen.

Dies ist nur eines von vielen Insalata-mista-Rezepten, denn fast alles, was auf dem Markt angeboten wird, kann man verwenden: Paprikaschoten, Fenchel, Radieschen, Bohnen, Karotten, Thunfisch, Anchovisfilets und sämtliche Kräuter.

Fichi e salame
(Feigen mit Salami)

12 frische Feigen
100 g italienische Salami in Scheiben

Die gut gekühlten Feigen mit dünn geschnittenen Salamischeiben belegen und auf fein zerstoßenem Eis anrichten.

Reistorte

250 g Reis
50 g geriebener Parmesankäse
100 g Hackfleisch
200 g geschälte Tomaten
200 g tiefgekühlte Erbsen
1 Aubergine, 1 Zucchini
1 Glas Weißwein
4 Eßlöffel Olivenöl
30 g Butter oder Margarine
1 Zwiebel, Salz, Pfeffer
Paniermehl, Fett für die Form
Butterflöckchen.

Zwiebel schälen, in dünne Scheiben schneiden. Butter oder Margarine erhitzen und die Zwiebelscheiben darin dünsten. Hackfleisch zugeben. Wein angießen. Tomaten zugeben und alles mit Salz und Pfeffer abschmecken. Zugedeckt schmoren lassen. Aubergine und Zucchini waschen und in Scheiben schneiden. Öl erhitzen und die Auberginen- und Zucchinischeiben darin andünsten. Aufgetaute Erbsen zufügen. Etwas Wasser angießen und garen. Reis in Salzwasser kochen und mit der Hälfte der Hackfleischsauce mischen. Eine Auflaufform fetten und mit Paniermehl ausstreuen. Lagenweise Reis, Gemüse,

Parmesankäse und Sauce hineingeben. Mit Butterflöckchen belegen und im vorgeheizten Backofen bei 250 Grad ca. 10 Minuten überbacken.

Venezianische Klößchen

400 g Hackfleisch
100 g geriebener Käse
1 Zwiebel, 1 Ei, 1 Brötchen, Salz, Pfeffer, ½ Becher Sahne
2 Eßlöffel Mehl
1 Eßlöffel gemischte, gehackte Kräuter
½ Liter Instant-Brühe.

Hackfleisch mit Käse, feingehackter Zwiebel, Ei, eingeweichtem, ausgedrücktem Brötchen vermischen. Mit Salz und Pfeffer abschmekken. Aus der Masse Klößchen formen und in kochender Brühe ca. 10–15 Minuten garziehen lassen, herausnehmen. Sahne mit Mehl verrühren und in die Brühe geben, kurz aufkochen lassen. Sauce mit Salz und Pfeffer abschmecken.

Muscheln mit Basilikum

1 kg Miesmuscheln,
1 Knoblauchzehe,
frisches Basilikum, ⅛ l Olivenöl, Pfeffer.

Muscheln gründlich reinigen, waschen und bürsten. Knoblauchzehe auspressen, mit Öl und gehacktem Basilikum in eine Pfanne geben. Muscheln hineingeben, nicht kochen lassen. Wenn die Muscheln offen sind, je eine Schalenhälfte entfernen. Muscheln mit Fleisch herausnehmen und auf eine Platte legen. Pfannensud mit Pfeffer abschmecken und über die Muscheln träufeln.

Gefüllte Tomaten

6 Tomaten, 2 Bund Petersilie
2 Bund Basilikum
1 Knoblauchzehe, Salz, Pfeffer
6 Scheiben Schmelzkäse
⅛ Liter Olivenöl.

Tomaten waschen, einen Deckel abschneiden und mit einem Löffel aushöhlen. Tomaten salzen. Petersilie und Basilikum waschen und feinhacken und mit der zerdrückten Knoblauchzehe vermischen. Die Hälfte des Öls dazugeben. Masse in die Tomaten füllen. Das restliche Öl in eine feuerfeste Form geben, die Tomaten hineinsetzen und mit Käsescheiben belegen. Im vorgeheizten Backofen ca. 10 Minuten überbacken.

Blätterteigtaschen gefüllt mit Pilzen

450 g tiefgefrorener Blätterteig
400 g Champignons (Dose),
Saft einer Zitrone, 1 Zwiebel
50 g Butter oder Margarine
Salz, Pfeffer
150 g gekochter Schinken
1 Becher süße Sahne
50 g geriebener Parmesankäse
Fett zum Fritieren.

Blätterteig auftauen lassen. Pilze aus der Dose nehmen und abtropfen lassen. Pilze mit Zitronensaft beträufeln. Zwiebeln schälen und feinhacken. Butter oder Margarine erhitzen, die Zwiebel darin dünsten. Pilze hineingeben und mit Salz und Pfeffer würzen. Kleingeschnittenen Schinken dazugeben und alles gut verrühren. Sahne angießen und etwas einkochen lassen. Parmesankäse hineinstreuen. Blätterteig ausrollen und Vierecke ausschneiden. In die Mitte jedes Vierecks einen Eßlöffel der Masse geben. Zusammenfalten und die Ränder mit etwas Wasser befeuchten, fest zusammendrücken, Fett erhitzen und die Teigtaschen darin fritieren bis sie goldgelb sind.

Zwiebel-Omelett

4 mittelgroße Zwiebeln,
80 g Butter oder Margarine,
8 Eier,
Salz, Pfeffer.

Zwiebeln schälen und in Scheiben schneiden. 30 g Butter oder Margarine erhitzen und die Zwiebeln darin weichdünsten. Zur Seite stellen. Eier trennen. Eigelb mit Salz und Pfeffer verquirlen. Eiweiß zu steifem Schnee schlagen und vorsichtig unter das Eigelb heben. Nacheinander das Fett in einer Pfanne erhitzen und 1 Portion der Eiermasse darin ca. 5 Minuten stocken lassen. ¼ der gedünsteten Zwiebeln auf dem Omelett verteilen und dieses zur Hälfte überschlagen. Sofort servieren.

Bunte Salatschüssel

2 grüne Paprikaschoten,
1 Fenchelknolle,
2 Radicchio.
Sauce: 1 Becher saure Sahne, gehackte gemischte Kräuter, Salz, Pfeffer.

Paprikaschoten halbieren, Kerne und weiße Teile entfernen und die Schoten in Streifen schneiden. Fenchelknolle putzen und ebenfalls in Streifen schneiden. Radicchio verlesen und in mundgerechte Stücke schneiden. Alles in eine Schüssel geben. Sahne mit Kräutern vermischen und mit Salz und Pfeffer abschmekken. Sauce zu dem Salat reichen.

Reispastete

500 g Reis, Wasser, Salz
1 Bund Suppengrün
150 g Pilze
2 Eßlöffel Butter oder Margarine
100 g gekochter Schinken
150 g gegartes Fleisch
3 Tomaten
2 Eßlöffel Tomatenmark
1 Eßlöffel gehackte Petersilie, Semmelbrösel
30 g Butterflöckchen.

Reis in reichlich Salzwasser weichdünsten. Geputztes, kleingeschnittenes Suppengrün und Pilze in dem Fett anbraten, etwas Wasser zugießen und halbgar dünsten. Gehackten Schinken, feingeschnittenes Fleisch, Tomatenscheiben, Tomatenmark, Petersilie zugeben und ca. 15 Minuten mitdünsten. Mit Salz und Pfeffer abschmekken. Dann mit dem Reis mischen und alles in eine gefettete Auflaufform füllen. Mit Semmelbröseln bestreuen und mit Butterflöckchen belegen. Im vorgeheizten Backofen ca. 15 Minuten goldgelb überbacken.

Schwarze Oliven mit pikanter Sauce

600 g große schwarze Oliven
4 Sardellenfilets, ½ Zwiebel
1 Knoblauchzehe, Oregano
¼ Liter Olivenöl.

Kerne aus den Oliven entfernen. Sardellen in feine Streifen schneiden. Zwiebel, Knoblauchzehe und Oregano feinhacken. Öl erhitzen, Zwiebel, Knoblauch und Oregano darin kurz dünsten, dann durch ein Sieb streichen. Oliven in eine Schüssel geben und die Sauce darübergießen, gut durchziehen lassen.

Pizza

Im Sturm haben sie die Herzen der Feinschmecker erobert, die kleinen gelben Hefebrotfladen mit appetitlichem Belag, die es heute auch bei uns an fast jeder Straßenecke gibt. In Italien gehören sie auf jede Speisekarte. Das Gericht hat eine lange Tradition. Es läßt sich heute allerdings nicht mehr feststellen, wann es entstanden ist. Von der „Pizza Margherita" allerdings weiß man es ziemlich genau. Es war im Jahre 1889, als König Umberto I. mit seiner Frau Margherita die Sommermonate in der Residenz von Capodimonte verbrachte. Eines Tages bekam die Königin Hunger auf eine „Pizza" und obwohl der Koch ein Meister der piemontesischen und französischen Küche war, verstand er nichts von der Kunst des Pizzabackens. So wurde Raffaele Esposito zur Hilfe gerufen, der mit seiner Ehefrau die beste Pizzera Neapels betrieb. Sie backten für die Königin zwei Pizzen und eine ganz neue, die sie zu Ehren des Königshauses mit Tomaten, Mozzarella und Basilikum garnierten. Diese Pizza schmeckte der Königin am besten, so daß sie den Namen „Pizza Margherita" erhielt und seit jenen Tagen überall bekannt ist. – Daß die Pizzen zu den absoluten Nationalgerichten Italiens zählen und heute in der ganzen Welt gegessen werden, verdanken sie Christoph Kolumbus, der für Spanien die Tomaten nach Europa brachte, die – wenn auch ca. 200 Jahre später – den italienischen Speisezettel völlig umwälzte. Von Neapel aus trat die Pizza dann zusammen mit der Pasta den Siegeszug durch Italien an. Italienische Auswanderer brachten sie schließlich in ihre Gastländer in Europa und Nord- und Südamerika.
Eine gute Pizza – so die kleinen Pizzabäcker – soll flach und etwas mürbe sein. Der Belag ist – je nach Geschmack verschieden. Mal mit zarten Artischocken, Eischeiben und geriebenem Käse oder auch mal mit Zucchini- und Tomatenscheiben. Es gibt unzählige Variationen.
Übrigens: Eine echte Pizza ißt man nicht mit Messer und Gabel, sondern aus der Hand!

Grundrezept „Hefeteig"

500 g Mehl,
1 Päckchen Trockenhefe oder
1 Würfel frische Hefe,
$\frac{1}{8}$–$\frac{1}{4}$ l warme Milch,
80 g Butter oder Margarine,
1 Ei,
$\frac{1}{2}$ Teelöffel Zucker,
1 Teelöffel Salz.

Mehl mit Hefe, Zucker, Salz, Ei, warmer Milch und der darin aufgelösten Butter oder Margarine zu einem glatten Teig verrühren. An einem warmen Ort zugedeckt ca. 15–20 Minuten gehen lassen. Anschließend kurz durchkneten und in 3–4 Stücke teilen. Jeweils in der Größe einer Pizzaform ausrollen oder in eine Form legen. Wahlweise mit den verschiedenen Zutaten belegen und im vorgeheizten Backofen bei 200 °C ca. 35–40 Minuten backen.

Pizzateig

300 g Mehl,
$\frac{1}{2}$ Teelöffel Salz,
ca. 1/8 Liter Wasser,
4 Eßlöffel Öl

Mehl auf eine Tischplatte geben und in die Mitte eine Vertiefung schieben. Wasser und Öl hineingeben, Salz an den Rand streuen und alles zu einem glatten Teig verkneten. Sollte dieser zu feucht sein, noch etwas Mehl unterkneten. Pizzateig ausrollen, nach Wunsch belegen und im vorgeheizten Backofen bei 200 Grad ca. 30–40 Minuten abbacken.

Pizza „Legumi"

Einmal Grundrezept „Hefeteig",
2 große Zucchini,
6–8 Tomaten,
Pfeffer, Salz, Majoran,
4 Eßlöffel kleingeschnittener Schnittlauch,
200 g Käse (Gouda)

Zucchini und Tomaten waschen und in Scheiben schneiden. Schuppenartig auf dem Pizzateig anordnen. Mit Salz, Pfeffer und Majoran würzen, mit in Streifen geschnittenem Käse belegen und im vorgeheizten Backofen bei 200 °C ca. 35–40 Minuten backen. Vor dem Servieren mit Schnittlauch bestreuen.

Capri *(Foto S. 19 Nr. 1)*

1 Dose Tomaten,
150 g geriebener Käse,
Pfeffer, Oregano.

Pizza „Venezia"

(Foto S. 19 Nr. 2)

Einmal Grundrezept „Hefeteig",
1 große Dose geschälte Tomaten,
2 rote Paprikaschoten,
16 Scheiben Nußschinken,
1 kleines Glas grüne, gefüllte Oliven, Salz, Pfeffer, Oregano,
200 g Käse (Gouda).

Milano *(Foto S. 19 Nr. 4)*

1 kleine Dose Champignons,
2 Scheiben Schnittkäse in Streifen geschnitten,
$\frac{1}{2}$ Dose Tomaten, Pfeffer.

Adria *(Foto S. 19 Nr. 5)*

1 Glas Kapern,
100 g Cervelatwurst,
$\frac{1}{2}$ Dose Tomaten,
100 g geriebener Käse,
Pfeffer.

Italia *(Foto S. Nr. 1)*

250 g roher Schinken,
1 Glas schwarze Oliven,
1 Dose Tomaten,
100 g geriebener Käse,
1 Scheibe Schnittkäse,
Pfeffer, Thymian.

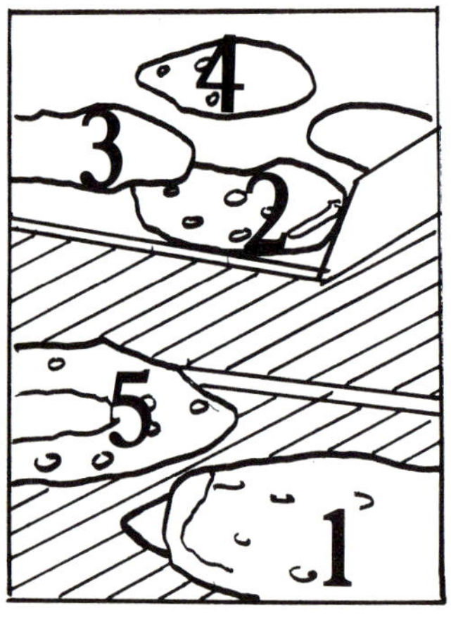

Pizza Margherita

Teig:
300 g Mehl,
20 g frische Hefe,
ca. 1/8 Liter lauwarmes Wasser,
1/2 Teelöffel Salz
2 Eßlöffel Olivenöl,
Belag:
1 große Dose geschälte Tomaten,
2 Kugeln Mozzarella,
Salz, frisch gem. schwarzer Pfeffer,
2 Eßlöffel Basilikum,
1/8 Liter Olivenöl.

Mehl in eine Schüssel geben, in die Mitte eine Vertiefung schieben und die Hefe hineinbröckeln. Mit etwas lauwarmen Wasser verrühren und zugedeckt an einem warmen Ort ca. 15 Minuten gehen lassen. Salz an den Rand streuen, restliches lauwarmes Wasser und Öl angießen und alles zu einem glatten Teig verkneten. Zugedeckt ca. 30 Minuten gehen lassen. Anschließend ausrollen und ein leicht gefettetes Backblech damit auslegen. Mit der Gabel mehrmals einstechen. Die gut abgetropften und zerkleinerten Tomaten darauf verteilen. Mozzarella in dünne Scheiben schneiden und daraufgeben. Mit Salz, Pfeffer und Basilikum bestreuen, erneut 10–15 Minuten gehen lassen und mit Olivenöl beträufeln. Im vorgeheizten Backofen bei 200 Grad ca. 30 Minuten backen.

Pizza „Carciofi"

Einmal Grundrezept „Hefeteig",
1 große Dose geschälte Tomaten,
4 hartgekochte Eier,
1 Dose Artischockenherzen,
1 Glas Sardellen,
Pfeffer, Salz,
Majoran, Thymian,
200 g Käse (Gouda).

Teig mit den abgetropften Tomaten, Sardellen und Artischockenherzen belegen. Mit Gewürzen bestreuen und mit Käsestreifen abdecken. Im vorgeheizten Backofen bei 200 °C ca. 35–40 Minuten backen. 10 Minuten vor Ende der Garzeit die Pizza mit Eischeiben belegen.

Pizza Vongole

250 g Mehl,
15 g Hefe, 1 Ei,
etwas Salz,
etwas Muskat,
2 Eßlöffel Olivenöl.
1 Tasse Milch,
1 Glas Muscheln,
1 Glas Tomatenpaprika,
einige Salamischeiben.

Mehl in eine Schüssel geben. Hefe mit 4 Eßlöffeln lauwarmer Milch glattrühren. Eine Vertiefung ins Mehl drücken, die Hefe hineingeben, mit Mehl bestäuben und an einem warmen Ort ca. 15 Minuten gehen lassen. Vorteig mit restlicher Milch, Ei, Salz, Muskat und Öl verrühren, gut durchkneten und an einem warmen Ort weitere 30 Minuten gehen lassen. Eine Springform mit dem Teig auslegen und mit den abgetropften Muscheln, dem abgetropften Tomatenpaprika und Salamischeiben belegen.

Pizza mit Quark

Teig:
350 g Mehl,
170 g Butter,
1 Teelöffel Salz,
1 Ei,
3 Eßlöffel Wasser,
Füllung:
300 g trockener Quark,
3 Eier,
1/2 Teelöffel Salz,
frisch gemahlener Pfeffer,
3 Eßlöffel gehackte Petersilie,
200 g mittelalter Gouda,
200 g Parmaschinken,
zum Bestreichen:
1 Eigelb

Mehl auf eine Tischplatte geben, in die Mitte eine Vertiefung schieben und die weiche Butter, das Salz, das Ei und das Wasser hineingeben. Von innen nach außen alles zu einem Mürbeteig verkneten. Diesen in Folie verpackt ca. 2–3 Stunden kalt stellen. Quark verrühren, Eier nach und nach hinzugeben, Petersilie unterrühren und mit Salz und Pfeffer abschmecken. Käse und Schinken in Würfel schneiden und unter die Quarkmasse mischen. 2/3 des kalten Teiges zu einem Kreis von ca. 25 cm Durchmesser ausrollen und den Rand und Boden einer gefetteten Tortenform damit auskleiden. Mit der Gabel mehrmals einstechen. Quarkmasse auf dem Teig verteilen. Den Teigrand mit verquirltem Eigelb bestreichen. Restlichen Teig ausschneiden (damit der entstehende Dampf entweichen kann) und das Ganze damit abdecken. Pizza mit restlichem Eigelb bestreichen und im vorgeheizten Backofen bei 200 Grad ca. 45–50 Minuten backen.

Pizza mit Tomaten und Speckscheiben

250 g Mehl,
15 g Hefe, 1 Ei,
etwas Salz,
etwas Muskat,
2 Eßlöffel Olivenöl,
1 Tasse Milch,
100 g geriebener Käse,
400 g geschälte Tomaten,
150 g Schinkenspeck.

Mehl in eine Schüssel geben. Hefe mit 4 Eßlöffeln lauwarmer Milch glattrühren. Eine Vertiefung ins Mehl drücken, die Hefe hineingeben, mit Mehl bestäuben und an einem warmen Ort ca. 15 Minuten gehen lassen. Vorteig mit restlicher Milch, Ei, Salz, Muskat und Öl verrühren, gut durchkneten und an einem warmen Ort weitere 30 Minuten gehen lassen. Eine Springform mit dem Teig auslegen und mit den Tomaten, dem Schinkenspeck und dem geriebenen Käse belegen. Im vorgeheizten Backofen bei 200 °C ca. 35–40 Min. backen.

Pissaladière

(Provenzalische Pizza)

Teig:
250 g Mehl,
125 g Butter,
4 Schnapsgläschen (8cl) Wasser
1Teelöffel Salz,
Belag:
250 g Gemüsezwiebeln
2 Eßlöffel Olivenöl,
2 Eßlöffel Wasser,
1/2 Teelöffel Salz,
1/4 Teelöffel schwarzer Pfeffer,
Knoblauchpulver,
12 Sardellenfilets,
2 Tomaten,
1 Glas schwarze Oliven,
2 Teelöffel getrocknete Kräuter (Basilikum, Oregano, Thymian etc.)

Mehl auf eine Arbeitsplatte geben, in die Mitte eine Vertiefung schieben und die Butter in Flöckchen darübergeben. Wasser und Salz ebenfalls zugeben und von der Mitte aus alles mit dem Mehl verkneten. Teig ca. 1–2 Stunden kalt stellen. Zwiebeln abziehen und feinwürfeln. Öl erhitzen und die Zwiebelwürfel darin glasig dünsten. Wasser zugeben, Salz, Pfeffer und Knoblauchpulver darüberstreuen und ca. 5 Minuten schmoren lassen. Teig ausrollen und nach Wunsch eine Form mit 32 cm Durchmesser damit auslegen. Mit der Gabel mehrmals einstechen. Zwiebelwürfel und Sardellenfilets darauf verteilen. Tomaten in Scheiben schneiden und mit den entkernten, halbierten Oliven gleichmäßig auf den Zwiebelwürfeln verteilen. Kräuter darüberstreuen und die Pizza im vorgeheizten Backofen bei 200 Grad ca. 30–35 Minuten knusprig braun braten.

Pasta

Schon die alten Römer wußten sie zu schätzen, die Teigstreifen, die gebacken und süß gewürzt wurden und unter dem Namen „lagana" bekannt waren. In der Spätantike ließ man den Teig leicht antrocknen und schnitt ihn dann zu Nudeln. Da diese jedoch leicht verdarben, mußten sie frisch gegessen werden. Erst die Araber sollen auf die Idee gekommen sein, den Teig um Stöckchen zu wickeln und an der Luft trocknen zu lassen. Damit waren dann die Makkaroni geboren. Die Sizilianer hingegen, die das Urheberrecht für Nudeln für sich beanspruchen, behaupten jedoch, sie hätten diese Methode den Arabern beigebracht. Zwischen beiden Völkern gab es im Lauf der Geschichte u. a. auch kulinarische Verstrickungen. Obwohl man die Sizilianer längst „Makkaroni-Esser" (mangiamac-carum) nannte, während man die Neapolitaner noch als „mangiafolglie" (Gemüse-Esser) bezeichnete, ging der Siegeszug der „pasta" schließlich doch von Neapel aus. Als man begann, die Nudeln maschinell herzustellen, entwickelte sich dort eine lebhafte Industrie, deren Erzeugnisse nicht nur zum Volksnahrungsmittel wurden, sondern als Exportschlager die Alte und die Neue Welt mit Teigwaren versorgten. – In Italien ist das Spezialrezept der „pasta" im Lauf der Zeit zu einem Bestandteil des Familienvermögens, das von Generation zu Generation wie ein Schatz gehütet und vererbt wird, geworden. – Die Teigwaren kann wohl keiner besser zubereiten als die italienische Hausfrau, denn nur sie hat die Geduld, dem Kochen der „pasta" die nötige liebevolle Aufmerksamkeit zu schenken, denn für das Kochen der geliebten Nudel gibt es Regeln, die auf Tradition und Erfahrung beruhen und die jeder Italienerin von Kindheit an vertraut sind. – In Italien gibt es überall Pastageschäfte, in denen die frisch zubereiteten Eiernudeln, in weiß, grün und evtl. auch in rot, fertig zu kaufen sind. Sie hängen in großen frischen Teigblättern über Holzstangen und werden – je nach Wunsch – zu schmalen, zu breiten Nudeln oder zu großen Teigblättern als „fettucine, tagliatelle oder lasagne" geschnitten. Geriebener Käse ist ein ständiger Begleiter der „pasta". Dabei unterscheidet man zwischen dem aus Kuhmilch zubereiteten Parmesankäse und dem schärferen Pecorinkäse aus Schafsmilch von denen die italienische Hausfrau stets ein Stück zum Reiben im Salz liegen hat.

Nudelteig

300 g Mehl, ½ Teelöffel Salz,
2 Eier,
2–3 Eßlöffel Wasser,
Salzwasser

Mehl auf eine Arbeitsfläche geben und in die Mitte eine Vertiefung schieben. Eier und Wasser hineingeben. Salz an den Rand streuen. Das Mehl mit einer Gabel nach und nach einrühren. Anschließend alles mit den Händen zu einem glatten Teig verkneten. Diesen in drei Portionen teilen, jeweils zu einem Laib formen und in Frischhaltefolie verpackt ca. 30 Minuten ruhen lassen. Jeweils sehr dünn ausrollen und wahlweise folgendermaßen zubereiten:
1) Teigblätter aufrollen und (wenn Sie eine „Tagliatelle" zubereiten möchten) in ca. 1 cm breite Scheiben schneiden. Diese dann mit der Hand locker ausbreiten.
2) Teigblätter mit einem gezackten Rädchen in breite Streifen schneiden. (Diese Nudeln nennt man Pappardelle).
3) Teigblätter mit einem gezackten Rädchen zu kleinen Rechtecken ausschneiden und in der Mitte jeweils zusammendrücken (Diese Nudeln heißen „Farfalline").
Nudeln Ihrer Wahl anschließend in reichlich kochendem Salzwasser ca. 10 Minuten garen.

Salsa Verde
(ital. grüne Sauce)

6 Frühlingszwiebeln,
2 Knoblauchzehen,
1 kleine rote Chilischote,
6 Anchovisfilets,
3 Eßlöffel Kapern,
1 Bund feingehackte glatte Petersilie,
6 Eßlöffel Olivenöl,
Saft von ½ Zitrone,
½ Teelöffel Salz,
¼ Teelöffel schwarzer Pfeffer

Frühlingszwiebeln und Knoblauchzehen schälen und feinhacken. Chilischote halbieren, waschen, die Kerne entfernen und die Schotenhälften feinschneiden. Anchovisfilets abspülen, trockentupfen und ebenfalls kleinschneiden. Öl mit Zitronensaft, Salz und Pfeffer verrühren und mit den gesamten Zutaten vermischen.

Pesto

3 Knoblauchzehen,
50 g Pinienkerne,
½ Teelöffel Salz,
50 g Schafskäse,
100 g Parmesankäse,
50 g Basilikumblätter,
¼ Teelöffel Pfeffer,
¼ Liter Olivenöl

Knoblauchzehen schälen und mit Pinienkernen und Salz zerdrücken. Schafskäse zerbröckeln und mit geriebenem Parmesankäse, Basilikumblättern und Pfeffer zum Knoblauchgemisch geben. Öl nach und nach unterrühren. Die „Pesto" reicht man gesondert zu heißen Spaghetti.

Bologneser Sauce

1 Zwiebel, 1 Knoblauchzehe,
1 Karotte,
4 Eßlöffel Öl, 30 g Speck,
200 g Rindergehacktes,
½ Teelöffel Paprikapulver,
¼ Teelöffel Pfeffer,
½ Teelöffel Salz,
2 Eßlöffel Rotwein
50 g Basilikumblätter,
500 g Tomaten,
1 Bund Petersilie

Zwiebel abziehen und mit der geschälten Knoblauchzehe und der geputzten Möhre feinhacken. Öl erhitzen, den in Würfel geschnittenen Speck und die Zwiebel-Knoblauch-Karottenmasse darin anbraten. Hackfleisch zugeben und anbraten. Gewürze, Wein und kleingehackte Basilikumblätter mit den kleingeschnittenen Tomaten hinzugeben. Sauce ca. 45 Minuten einkochen lassen, gehackte Petersilie unterheben und zu heißen Spaghetti oder zu Nudelaufläufen reichen.

Tomatensauce

500 g Tomaten,
Salzwasser,
40 g Butter oder Margarine,
30 g Mehl,
1 Zwiebel,
½ Liter Tomatenbrühe,
Salz,
1 Prise Zucker,
1 Eßlöffel feingehacktes Basilikum,
4 Eßlöffel Sahne

Tomaten halbieren und in wenig Salzwasser ca. 10 Minuten weich kochen. Anschließend durch ein Sieb streichen. Fett erhitzen und die abgezogene, in Würfel geschnittene Zwiebel darin glasig dünsten. Mehl darüberstreuen und alles gut verrühren. Brühe und Gewürze zufügen und die Sauce ca. 5–10 Minuten kochen lassen. Vor dem Servieren die leicht geschlagene Sahne unterziehen.

Spinat-Cannelloni

1 Packung Rahmspinat,
1 Packung Cannelloni,
1 Eßlöffel Fett,
1 Zwiebel,
500 g Hack,
1 kleine Dose Tomatenmark,
Salz, Pfeffer, Oregano,
Paprikapulver,
Knoblauchpulver,
1 Päckchen weiße Sauce,
Champignons.

Aufgetauten Spinat in eine gefettete Auflaufform füllen. Cannelloni in Salzwasser 7 Minuten garen. Auf einem Sieb abtropfen lassen. Im erhitzten Fett feingehackte Zwiebel und Hack anbraten und mit Tomatenmark und den übrigen Gewürzen abschmecken. Diesen Teig in die Cannelloni füllen und die Röllchen auf den Spinat legen. Dann die weiße Sauce nach Packungsvorschrift herstellen und mit Champignons mischen. Über die Cannelloni gießen. Im vorgeheizten Backofen bei 200 °C 25–30 Minuten backen.

Spaghetti mit Schafskäse

600 g Spaghetti
250 g durchwachsener Speck
5 Eier
3 Eßlöffel geriebener Parmesankäse
3 Eßlöffel geriebener Schafskäse
4 Eßlöffel Olivenöl
1 zerdrückte Knoblauchzehe
Salz, Pfeffer.

Spaghetti in Salzwasser garen. Zwischenzeitlich den Speck würfeln. Öl erhitzen, Knoblauch und Speckwürfel hineingeben und hellbraun rösten. Eier verquirlen, Schafskäse hineingeben und mit etwas Pfeffer bestreuen. Spaghetti abtropfen lassen und zu dem Speck geben. Die verquirlten Eier unter ständigem Rühren untermischen. Mit Salz und Pfeffer abschmecken. Mit Parmesankäse bestreuen.

Nudeltopf mit Hackfleischbällchen

250 g Nudeln,
1 l Salzwasser,
375 g Hackfleisch,
2 Zwiebeln,
Salz, Pfeffer,
Paprikapulver,
1 Ei, 1 Brötchen,
¼ l Fleischbrühe,
1 Döschen Tomatenmark,
1 kleine Dose geschälte Tomaten,
Butterflöckchen,
Fett für die Form, Fett zum Braten.

Nudeln in Salzwasser garen, gut abtropfen lassen. Hackfleisch mit gehackten Zwiebeln, Salz, Pfeffer, Paprikapulver, Ei, eingeweichtem, ausgedrücktem Brötchen vermischen. Aus dem Teig kleine Klößchen formen. Fett erhitzen und die Klößchen darin braten. Fleischbrühe mit Tomatenmark und geschälten Tomaten vermengen. Dann mit den Nudeln und den Klößchen in eine gefettete Auflaufform geben. Mit Butterflöckchen belegen und im vorgeheizten Backofen ca. 20 Minuten backen.

Maccheroncini mit Sauce

(6 Personen)

3 rote und 3 grüne Paprikaschoten,
150 g Staudensellerie,
Sauce:
3 Feigen,
4 Eßlöffel Olivenöl,
einige Eßlöffel warmes Wasser,
Salz,
Pfeffer,
500 g Maccheroncini (Makkaroni)

Paprikaschoten putzen, waschen und mit dem vorbereiteten Sellerie feinschneiden. Feigen schälen und das Fruchtfleisch zerkleinern. In einer Pfanne das Öl erhitzen, das vorbereitete Gemüse darin weichdünsten. Etwas lauwarmes Wasser hinzufügen, alles mit Salz und Pfeffer würzen und das Feigenfruchtfleisch dazugeben. Gut verrühren. Maccheroncini in reichlich Salzwasser garen, abtropfen lassen. Sauce über die Nudeln gießen.

Ravioli mit Spinatfüllung

400 g Mehl
100 g Speisequark
150 g gekochter Schinken
6 Eier,
400 g Blattspinat
30 g Butter oder Margarine
40 g geriebener Parmesankäse
1 Beutel getrocknete Steinpilze,
Salz, Pfeffer.

Spinat in wenig Wasser weichkochen, abtropfen lassen und pürieren und mit 20 g Butter oder Margarine vermengen. Aus Mehl, etwas Salz und 5 Eiern einen Teig kneten. Teig in Frischhaltefolie verpackt eine Stunde ruhen lassen, dann ausrollen und Quadrate ausschneiden. Spinat mit Quark, kleingeschnittenem Schinken, Ei und Parmesankäse vermischen. Mit Salz und Pfeffer abschmecken. Masse jeweils in die Mitte der Quadrate verteilen, zusammenfalten, sodaß kleine Dreiecke entstehen und die Ränder gut andrücken. In reichlich Salzwasser garen. Eingeweichte Pilze abtropfen lassen und in der restlichen Butter oder Margarine dünsten. Pilze zu den Ravioli reichen.

Nudeln in Thunfischsauce

600 g Nudeln
1 Dose Thunfisch in Öl
60 g Butter oder Margarine
1 Eßlöffel Mehl
3 Eßlöffel Olivenöl
2 Gläschen Weißwein
80 g geriebener Parmesankäse
Salz, Pfeffer.

Thunfisch aus der Dose nehmen und mit einer Gabel zerpflücken. Butter oder Margarine schmelzen, Mehl dazugeben und leicht anrösten. Mit Weißwein ablöschen und glattrühren. Kurz aufkochen lassen, dann Thunfisch und Parmesankäse zufügen und mit Salz und Pfeffer abschmecken. Nudeln in Salzwasser garen, abtropfen lassen und mit Olivenöl beträufeln. Nudeln auf einer vorgewärmten Platte anrichten, die Sauce darüber verteilen.

Tortellini verdi mit Nüssen und Trüffelcreme

(6 Personen)

300 g Walnußkerne,
2 Eßlöffel Brotkrumen,
1–2 Eßlöffel Milch,
3 Knoblauchzehen,
Majoran,
1 Prise Salz,
1–2 Eßlöffel Olivenöl,
500 g Tortellini.

250 g Walnußkerne kleinhakken. Brotkrumen kurz in der Milch einweichen, gut ausdrücken. Mit einem Pürierstab die kleingehackten Walnußkerne, Brotkrumen, geschälten Knoblauchzehen, Majoran und Salz passieren. Wenn die Masse glatt verrührt ist, nach und nach das Öl hinzugießen, bis die Sauce cremig ist. Tortellini in reichlich Salzwasser garen, abtropfen lassen. Sauce unter die Nudeln ziehen und mit den restlichen Walnußkernen belegen.

Spaghetti alla carbonara

400 g Spaghetti, Salzwasser,
150 g geräucherter Speck,
2 Knoblauchzehen,
2 Eßlöffel Öl, 3 Eier,
1/4 Teelöffel Pfeffer,
1/2 Teelöffel Salz,
2 Eßlöffel geriebener Schafskäse,
2 Eßlöffel geriebener Parmesankäse

Spaghetti im Salzwasser kochen. Speck in Würfel schneiden, Knoblauchzehen schälen und zerdrücken. Öl erhitzen und die zerdrückten Knoblauchzehen und Speckwürfel darin anbraten. Eier mit Salz, Pfeffer und dem geriebenen Käse verrühren. Die Nudeln abschrecken, auf einem Sieb abtropfen lassen und zu der Speckmasse geben. Eiergemisch darübergießen und stocken lassen.

Nudeln mit Pilzen und Würstchen

600 g Eiernudeln
150 g Würstchen, 1 Zwiebel
30 g getrocknete Steinpilze
4 Eßlöffel Olivenöl
30 g Butter oder Margarine
50 g Parmesankäse
3 Eßlöffel gehackte Petersilie
Salz, Pfeffer
1/8 Liter Instant-Fleischbrühe
1 Knoblauchzehe.

Steinpilze in Wasser einweichen. Die Würstchen in dicke Scheiben schneiden. Geschälte Zwiebel grob zerhakken und mit zerdrückter Knoblauchzehe in Öl anbraten, herausnehmen. Wurstscheiben und abgetropfte Pilze in das Öl geben, salzen und pfeffern. Brühe angießen und garen. Nudeln in Salzwasser garen, abtropfen lassen und mit geschmolzener Butter oder Margarine und Käse vermischen. Nudeln, Würstchen, geschmorte Zwiebeln und Pilze in eine gefettete Auflaufform schichten, mit Petersilie bestreuen und im vorgeheizten Backofen bei 175 Grad ca. 20 Minuten überbacken.

Spaghetti alla vongole

(Spaghetti mit Muscheln)

350 g Venusmuschelfleisch (Dose),
2 Knoblauchzehen,
500 g Spaghetti,
Salzwasser, Salz,
3 Eßlöffel Olivenöl,
Peffer,
1 Bund Petersilie

Fett erhitzen und die geschälten Knoblauchzehen darin andünsten. Muscheln auf einem Sieb abtropfen lassen und die Flüssigkeit dabei auffangen. Muschelfleisch ins heiße Fett geben und durchschmoren lassen. Aufgefangene Flüssigkeit angießen, Gewürze zufügen und die im Salzwasser gegarten Spaghetti mit der Muschelmasse vermengen. Vor dem Servieren die gewaschene, feingehackte Petersilie untermischen.

Lasagne mit Hackfleischsauce

500 g Lasagne (fertig käuflich),
200 g Mozzarella,
2 hartgekochte Eier,
75 g Butter oder Margarine,
250 g Rindergehacktes,
1 Eßlöffel Butter,
4 Eßlöffel trockener Weißwein,
1 große Dose geschälte Tomaten, Salz,
frisch gemahlener Pfeffer,
125 g geriebener Gouda,
1 Ei.

Lasagne in Salzwasser garen. 75 g Butter oder Margarine erhitzen und das Fleisch darin braunbraten. Mit Wein ablöschen und kochen, bis der Wein verdunstet ist. Die Tomaten hinzugeben und alles zum Kochen bringen. Mit Salz und Pfeffer würzen, die Temperatur reduzieren und simmern lassen. Käse mit dem Ei in einer Schüssel vermischen und zu der Fleischsauce geben. Bei schwacher Hitze zu einer dickflüssigen Sauce einkochen. Feuerfeste Form mit Butter oder Margarine ausstreichen und den Boden und Rand jeweils mit den Teigstreifen belegen. Den Teigboden mit Fleischsauce übergießen. Einen Teil der Mozzarella- und Eiwürfel darübergeben, wieder mit Teigstreifen abdecken und darauf wiederum etwas Fleischsauce geben. Restliche Mozzarella- und Eiwürfel darauf verteilen, mit den restlichen Teigstreifen abdekken, mit zerlassener Butter oder Margarine begießen und mit Käse bestreuen. Im vorgeheizten Backofen bei 180 °C ca. 15 Minuten überbacken, bis die Oberfläche goldbraun ist. Heiß servieren.

Tomatennudeln

600 g Nudeln, 600 g Tomaten
1 Knoblauchzehe
1 Sträußchen Petersilie
5 Blätter Basilikum
5 Eßlöffel Olivenöl
80 g geriebener Parmesankäse
Salz,
Pfeffer.

Tomaten überbrühen und enthäuten. Dann entkernen und kleinschneiden. Mit Salz, Pfeffer, gehackter Petersilie und Basilikum würzen. Öl in der Pfanne erhitzen und die zerdrückte Knoblauchzehe hineingeben. Tomaten dazugeben und kurz aufkochen lassen. Nudeln in Salzwasser garen, abtropfen lassen und mit der Tomatenmasse auf einer Platte anrichten. Mit Parmesankäse bestreuen.

Vermicelli mit Venusmuscheln

(6 Personen)

1 kg Venusmuscheln,
500 g Fadennudeln (Vermicelli),
1 Eßlöffel Öl,
1 Eßlöffel feingehackter Knoblauch,
Salz,
Pfeffer.

Muscheln säubern und in eine heiße Pfanne legen, die Muscheln öffnen sich darin von allein und das darin enthaltene Wasser läuft aus. Muscheln aus der Schale lösen. Das Muschelwasser durchseihen und einkochen lassen. Fadennudeln in reichlich Salzwasser garen und abtropfen lassen. Die Nudeln auf Teller geben. Jeweils die Muscheln, Muschelwasser, Öl und Gewürze darauf verteilen. Sofort servieren.

Fleischgerichte

Häufig ohne Beilagen oder nur mit frischem Weißbrot und höchstens einem Löffel Fleischsaft, genannt „sugo", übergossen, werden in Italien die Fleischgerichte (piatti di carne) serviert. Sie zählen im Gegensatz zu vielen anderen Ländern nicht zum sättigenden Hauptgericht, sondern lediglich zum zweiten Gang. Die Italiener stellen ihren ersten Gang meist aus einer sättigenden Minestrone oder Pasta zusammen. Dennoch aber widmen sie auch der Zubereitung der Fleischspeisen ihr ganzes Können. Diese werden im Backofen oder auf dem Spieß zubereitet. Vorher aber erhalten Sie eine herzhafte Würzung aus Kräutern wie Thymian, Rosmarin und Knoblauch und werden gegebenenfalls auch vorher mariniert. Bei Kalbsbraten, vitello arosto, würzt man in den meisten Fällen mit Rosmarin und Weißwein oder schmort ihn, wie auch Rinder- und Schweinebraten, in Milch, wobei er besonders zart wird. Rinderbraten und Ragouts werden von vielen in Wein mariniert und geschmort und mit Gewürzen wie Rosmarin, Thymian, Basilikum, Salbei, Zitronenschale, Nelke und Zimt versehen. Ähnlich wie in der französischen Küche läßt man auch in der italienischen einen Schmorbraten mit sämtlichen Gewürzen vor sich hinschmoren, bis er von ihnen durchdrungen ist und mit einer Gabel leicht zerteilt werden kann. Der sich bildende Bratensaft wird – für unsere Küche völlig unverständlich – zum ersten Gang, der pasta, serviert.

Vitello tonnato

(Kalter Kalbsbraten mit Thunfischsauce)

1 kg Kalbsnuß,
1 Zwiebel,
1 Möhre,
1 Stück Sellerie (150 g),
2 Gewürznelken,
1 Lorbeerblatt,
1 Teelöffel getrockneter Thymian,
1 Flasche trockener Weißwein,
Salz,
Sauce:
2 Eigelb,
1/4 l Olivenöl,
1 Eßlöffel Zitronensaft,
200 g Thunfisch in Öl,
3 Sardellenfilets,
1 Eßlöffel Kapern,
Essig

Zwiebel, Möhre und Sellerie schälen, kleinschneiden und mit den übrigen Gewürzen und dem Wein vermischen. Die Kalbsnuß in eine nicht zu große Schüssel geben und mit dem Weingemisch bedecken. Über Nacht stehen lassen. Das Fleisch in einen schmalen, hohen Kochtopf geben und mit der Marinade übergießen. Ca. 1 1/2 Stunden zugedeckt bei geringer Hitze garen. In der Marinade erkalten lassen.
Zwischenzeitlich Eigelb, Salz, Zitronensaft mit Hilfe eines Mixers verrühren. Nach und nach Öl zugießen und alles zu einer Mayonnaise schlagen.
Thunfisch und Sardellen zu einer cremigen Masse verarbeiten. Die Mayonnaise mit 2 Eßlöffeln Wasser verlängern und den Fisch, die feingewiegten Kapern und den Essig zugeben. Das Kalbfleisch gut abtropfen lassen und in dünne Scheiben schneiden. Mit der Thunfischmayonnaise überziehen. Einige Zeit durchziehen lassen.

Coniglio alla Maria

(Kaninchenragout)

1 junges küchenfertiges Kaninchen (ca. 1 kg),
2 Knoblauchzehen,
2 Zwiebeln,
1 Eßlöffel Basilikum,
1 Bund Petersilie,
3 Stangen Bleichsellerie,
3 rote Paprikaschoten,
300 g frische Tomaten,
3 Eßlöffel Olivenöl,
1 Tasse trockener Weißwein,
etwas heißes Wasser, Salz,
1 Peperoni

Das Kaninchen waschen, gut abtrocknen und in 8–10 Stükke teilen. Knoblauch und Zwiebeln schälen. Zwiebeln in Scheiben schneiden, Knoblauch und Kräuter feinhakken. Das Gemüse waschen, Sellerie in Scheiben schneiden. Die Paprikaschoten halbieren und die weißen Teile herausschneiden. Die Tomaten kurz mit kochendem Wasser überbrühen, abziehen und in grobe Würfel schneiden. Das Öl in einer Kasserolle erhitzen. Das Fleisch mit Knoblauch, Zwiebeln und Kräutern anbraten. Weißwein angießen. Sellerie und Paprika zugeben und 10 Minuten dünsten. Zum Schluß die Tomaten und evtl. etwas heißes Wasser in die Kasserolle geben. Mit Salz und Peperoni würzen. Bei geringer Hitze zugedeckt ca. 1 Stunde garen.

Gebratene Nieren

8 küchenfertige Kalbsnieren
4 Eßlöffel Olivenöl
2 Teelöffel feingehackter Knoblauch
2 Eßlöffel feingehackte Petersilie, Salz, Pfeffer,
2 Eßlöffel Zitronensaft.

Nieren wässern, gut abtrocknen und in Scheiben schneiden. Olivenöl erhitzen und die Nieren darin braten. Knoblauch und Petersilie hinzufügen. Zitronensaft angießen und alles ca. 5 Minuten dünsten. Mit Salz und Pfeffer abschmecken.

Hirn in Butter

800 g Kalbshirn
50 g Butter
2 Eßlöffel Mehl, 1 Möhre
1 Zwiebel, 1 Lorbeerblatt
4 Eßlöffel Essig, 1 Zitrone
Salz, Pfeffer.

Hirn in mit Zitronensaft vermischtem Wasser 30 Minuten ziehen lassen. Hirn abtropfen und Haut und Blutgefäße entfernen. Nochmals mit Zitronensaft beträufeln. Aus Wasser, Lorbeerblatt, Essig, kleingehackter Zwiebel und kleingeschnittener Möhre, Salz und Pfeffer einen Sud bereiten und das Hirn darin blanchieren. Hirn herausnehmen und abtropfen lassen. In Stücke teilen und in Mehl wenden. Mit Salz und Pfeffer würzen. Butter erhitzen, das Hirn darin braten. Mit Zitronensaft beträufeln.

Gebratene Kalbsleber mit Zwiebeln

4 Eßlöffel Olivenöl
2 Zwiebeln
¼ Teelöffel feingehackte Salbeiblätter
500 g Kalbsleber, Salz
Pfeffer, 2 Eßlöffel Weinessig
2 Eßlöffel gehackte Petersilie.

Zwiebeln schälen und in Ringe, Leber in Streifen schneiden. Öl erhitzen und die Zwiebelringe darin dünsten. Salbeiblätter und Leberstreifen zufügen und mit Salz und Pfeffer abschmecken. Alles ca. 2–3 Minuten braten. Leber und Zwiebelringe herausnehmen und warm stellen. Bratenfond mit Weinessig aufkochen, Petersilie hineingeben und alles über die Leberstreifen gießen.

Ossobuco alla milanese

(Kalbshaxe nach Mailänder Art)

1 Kalbshaxe (in 4–5 cm große Stücke zersägt),
80 g Mehl,
1 Zwiebel,
2 Tomaten,
50 g Butter,
⅛ Liter Weißwein,
Salz,
Pfeffer,
1 Zitrone,
1 Bund Petersilie,
2 Sardellenfilets

Fleischstücke waschen, trokkentupfen und jeweils in Mehl wälzen. Zwiebel abziehen und in Scheiben schneiden. Tomaten überbrühen, häuten und klein schneiden. Butter erhitzen und die Zwiebelscheiben darin braunbraten. Herausnehmen und das Fleisch in dem Fett von beiden Seiten kurz anbraten. Zwiebelscheiben, Tomaten und Gewürze zugeben, Wein angießen und alles bei geringer Hitze im geschlossenen Topf ca. 60 Minuten gakochen. Fleisch dabei ab und zu wenden . Evtl. etwas Wasser angießen. Zitronen dünn abschälen und die Schale mit der Petersilie und den Sardellenfilets feinwiegen. 10 Minuten vor Ende der Garzeit zum Fleisch geben.

Rindfleischtopf

750 g Suppenfleisch,
1 Möhre,
½ Sellerieknolle,
1 Zwiebel,
1 ½ Liter Wasser,
Salz.

Gemüse putzen, waschen und kleinschneiden. Wasser zum Kochen bringen. Fleisch und Gemüse hineingeben. Alles ca. 2 Stunden kochen lassen. Mit Salz abschmekken. Fleisch herausnehmen und in Scheiben schneiden.

Dazu folgende zwei Saucen reichen:

Grüne Sauce

100 g Petersilie,
½ Zwiebel,
1 Knoblauchzehe,
1 Peperoni,
10 g Kapern
2 Sardellenfilets aus dem Glas, 200 ml Öl
Saft von einer halben Zitrone
Salz.

Petersilie feinhacken. Sardellenfilets aus dem Glas nehmen und kleinschneiden. Peperoni kurz in kochendes Wasser legen, enthäuten. Dann halbieren, entkernen und in Stückchen schneiden. Sardellen, zerdrückte Knoblauchzehe, Peperoni, Kapern pürieren und mit dem Öl vermischen. Mit Salz und Zitronensaft abschmecken.

Meerrettichsauce

150 g Meerrettichwurzel, Salz
Zucker, 200 ml süße Sahne.

Meerrettich säubern, schälen und reiben. Geschlagene Sahne zufügen und mit Salz und Zucker abschmecken.

Brasato al vino

(Rindfleisch in Rotwein)

1 Zwiebel, 1 Möhre,
2 Knoblauchzehen,
1 Bund Petersilie,
2 Stangen Bleichsellerie,
je 1 Teelöffel Rosmarin und Salbeiblätter,
50 g durchwachsener Speck,
1 kg Rindfleisch von der Keule,
2 Eßlöffel Mehl,
2 Eßlöffel Butter,
2Eßlöffel Olivenöl,
Salz, Pfeffer, Muskatnuß,
2 Lorbeerblätter,
je 1 Prise getrockneter Thymian und Zucker,
½ l Rotwein.

Zwiebel und Möhre schälen und in Scheiben schneiden. Knoblauchzehen abziehen und zerdrücken. Petersilie, Sellerie, Rosmarin und Salbei putzen, waschen und feinhakken. Speck in Streifen schneiden. Das Fleisch mit dem Speck spicken und mit Mehl bestäuben. Butter und Olivenöl in einer Kasserolle erhitzen, die Zwiebelscheiben kurz darin dünsten und das Fleisch darauflegen. Knoblauch, Möhren, Sellerie und gehackte Kräuter sowie Lorbeerblätter zugeben. Mit den restlichen Gewürzen bestreuen. Solange braten, bis das Fleisch eine leichte Kruste hat. Eine Tasse Wein angießen und etwas einkochen lassen. Den restlichen Wein zugießen. Zugedeckt bei geringer Hitze ca. 2 Stunden schmoren. Braten in Scheiben schneiden und warmstellen. Die Sauce noch etwas einkochen lassen. Anschließend durch ein Sieb streichen, würzen und über das Fleisch gießen.

Italienischer Hähnchentopf

(s. Foto rechts)

2 knusprig braun gegrillte Hähnchen,
2 l Fleischbrühe,
⅜ l Weinessig,
120 g Zucker,
250 g Gemüsezwiebeln,
1 rote und grüne Paprikaschote,
Salz,
4 Lorbeerblätter.

Hähnchen in grobe Stücke schneiden. Fleischbrühe aufkochen. Weinessig, Zucker, Salz und Lorbeerblätter dazugeben und 15 Minuten kochen lassen. Die Geflügelteile in eine große Schüssel geben. Zwiebeln schälen und in Ringe schneiden. Von den Paprikaschoten einen Deckel abschneiden, entkernen und waschen. Paprikaschoten in dünne Ringe schneiden. Zwiebel- und Paprikaringe auf den Geflügelstückchen verteilen. Die gewürzte, heiße Brühe daraufgießen und alles 24 Stunden durchziehen lassen.

Saltimbocca alla Romana

8 dünne Kalbsschnitzel
4 Scheiben Parmaschinken
Salz, Pfeffer
8 Salbeiblätter
60 g Butter oder Margarine
5 Eßlöffel Weißwein.

Schnitzel mit Salz und Pfeffer würzen. Jeweils zwei Schnitzel mit einer Schinkenscheibe und einem Salbeiblatt zusammenlegen und mit einem Holzspieß feststecken. Butter oder Margarine erhitzen und die Schnitzel darin ca. 10 Minuten braten. Herausnehmen und warm stellen. Bratenfond mit Wein loskochen und über die Schnitzel gießen.

Gefüllte Schnitzel

4 doppelte Schweineschnitzel (zusammen ca. 750 g)
2 Eßlöffel Olivenöl
500 g Champignons, Kräuter
Tomatenscheiben
Mehl
Pfeffer, Salz.

Lassen Sie sich von Ihrem Metzger etwas dickere Schnitzel so einschneiden, daß eine Tasche entsteht. Schnitzel innen und außen würzen. Etwas Öl erhitzen und die geputzten, blättrig geschnittenen Pilze ca. 10 Minuten darin andünsten. Würzen, Kräuter untermischen, mit Mehl binden und in die Fleischtaschen füllen. Diese zustecken und im restlichen erhitzten Öl von jeder Seite ca. 8-10 Minuten braten.

Roastbeef

600 g Rinds- oder Ochesenlende,
1 Zwiebel,
1 Möhre,
50 g Rindernierenfett,
20 g Butter
oder Margarine,
Mehl,
Salz,
Pfeffer,
1 Stück Schweineschwarte.

Fleisch mit Butter oder Margarine einstreichen. Die Schweineschwarte der Länge nach auf dem Fleisch festbinden. Dann in Mehl wenden. Rindernierenfett schmelzen und das Fleisch hineinlegen. Im vorgeheizten Backofen bei 175 Grad ca. 30 Minuten garen. Während des Garens des öfteren mit dem Bratfond begießen. Zwiebel schälen und in Würfel, Möhren putzen und in Scheiben schneiden. 15 Minuten vor Ende der Garzeit die Zwiebelwürfel und die Möhrenscheiben zufügen. Mit Salz und Pfeffer würzen.

Manzo alla nonna

(Schmorbraten nach Großmutters Art)

50 g roher Schinken,
50 g gewürzte Salami,
50 g geräucherter, durchwachsener Speck,
500 g Zwiebeln,
2 Möhren,
2 Stangen Bleichsellerie,
2 Knoblauchzehen,
3 Eßlöffel Olivenöl,
1 kleine Dose geschälte Tomaten,
1 kg Rinderschulter,
heißes Wasser,
Salz, Pfeffer.

Zwiebeln und Möhren schälen, Sellerie putzen und waschen, Knoblauch abziehen und alles in feine Stücke schneiden. Speck, Salami und Schinken in Öl andünsten. Das vorbereitete Gemüse und die Tomaten mit Saft zugeben. Das Fleisch darauf legen und 1 Tasse heißes Wasser zugießen. Bei geringer Hitze ca. 2 Stunden schmoren. Den Braten ab und zu wenden. Das Fleisch herausnehmen, in Scheiben schneiden und warmstellen. Zwiebel-Gemüse-Mischung noch etwas einkochen lassen. Sobald das Wasser verdampft ist, unter Wenden leicht anbräunen. Mit Pfeffer und Salz abschmecken. Braten auf einer Platte anrichten und mit der Sauce servieren.

Koteletts auf italienische Art

4 Koteletts à 150 g
3 Eßlöffel geriebener Käse
2 Eier, 3 Eßlöffel Paniermehl
50 g Fett zum Braten
1 Dose weiße Bohnen
in Tomatensauce
Pfeffer, Salz.

Koteletts mit der Hand leicht klopfen und mit Salz und Pfeffer würzen. Jedes Kotelett in verquirltem Ei, geriebenem Käse, wiederum in Ei und dann in Paniermehl wenden. Fett erhitzen, die Koteletts von beiden Seiten knusprig braun braten und mit den erhitzten Bohnen servieren.

Piccata milanese

(Kalbsschnitzel mit Käse)

4 dünne Kalbsschnitzel,
Mehl, 2 Eier,
Salz,
Butter,
4 Scheiben Hartkäse.

Schnitzel in Mehl wenden. Die Eier mit Salz verquirlen. Die Schnitzel nacheinander in den Eiern wenden und in der heißen Butter von beiden Seiten goldbraun backen. Eine feuerfeste Form mit Butter ausstreichen. Schnitzel hineinlegen und mit Käse bedecken. Im vorgeheizten Backofen bei 200 °C ca. 5 Min. überbacken.

Schmorbraten in Rotwein

1 kg Rinderschmorbraten,
1 Flasche trockener Rotwein,
1 Zwiebel,
2 Möhren,
½ Lorbeerblatt,
1 Zweig Rosmarin,
Salbeiblätter,
40 g Butter,
50 g durchwachsener Speck,
Salz, Pfeffer,
1 Gläschen Cognac.

Rinderschmorbraten über Nacht in den Rotwein einlegen. Geschälte Zwiebel, geputzte Möhren, Lorbeerblatt und Kräuter hinzufügen. Butter zerlassen, den in Würfel geschnittenen Speck darin glasig braten, das abgetrocknete Fleisch dazugeben und von allen Seiten braun braten. Mit Salz und Pfeffer würzen. Cognac und Rotwein dazugießen und ca. 2 Stunden langsam weichschmoren lassen.

Mariniertes gegrilltes Steak

1 Lendensteak (1 kg)
¾ Tasse Olivenöl
¼ Tasse Weinessig
2 Eßlöffel feingehackte Petersilie
1 zerdrückte Knoblauchzehe
1 Teelöffel Oregano.

Öl, Weinessig, Petersilie, Knoblauchzehe und Oregano in eine große flache Form geben, das Steak darin ca. 4 Stunden marinieren. Dann von jeder Seite ca. 10 Minuten grillen.

Pikante Poularde

1 Poularde,
1 ½ l Salzwasser,
2 Eigelb, ¼ l Sahne,
1 Glas Sherry,
2 Zitronenachtel,
1 Zitronenscheibe zum Garnieren.

Poularde in Salzwasser ca. 1½ Std. garen. Erkalten lassen und in große Stücke zerteilen. Eigelb, Sahne und Sherry kräftig verschlagen und bei geringer Hitze im Wasserbad kremig rühren. Sherry-Sahne über die Geflügelstücke gießen und das Ganze mit Zitronenachteln und der Zitronenscheibe garnieren.

Sizilianische Koteletts

4 Nackenkoteletts à 150 g
1 Dose oder 1 kg frischer Spargel (gekocht)
4 Scheiben Käse
1 Eßlöffel Olivenöl
Petersilie, Pfeffer, Salz.

Koteletts mit Salz und Pfeffer einreiben. Öl in einer Pfanne erhitzen, die Koteletts von einer Seite gut braten, wenden, mit einigen Spargelstangen belegen, mit einer Käsescheibe abdecken und in geschlossener Pfanne braten. Die Koteletts mit Petersilie bestreuen.

Agnello alla romana

(Römische Lammkeule)

1 1/2 kg Lammkeule,
3 Knoblauchzehen,
80 g Semmelbrösel,
1 Eßlöffel gehackte Basilikumblätter,
1 Eßlöffel gehackte Petersilie,
1 Eßlöffel gehackte Rosmarinblätter,
1 Teelöffel Salz,
1/4 Teelöffel schwarzer Pfeffer,
1/4 Liter Brühe,
10 Eßlöffel Olivenöl

Keule waschen und trockentupfen. Knoblauchzehen schälen, zerdrücken und mit Semmelbrösel, Kräutern, Salz, Pfeffer und etwas Öl zu einer geschmeidigen Paste verarbeiten. Lammkeule mit der Paste bestreichen und mit restlichen Öl beträufeln. In eine Fettpfanne legen, etwas Brühe angießen und das Fleisch im vorgeheizten Backofen bei 200 Grad ca. 2 Stunden braten. Dabei restliche Brühe angießen und das Fleisch mehrmals mit dem sich bildenen Fleischsaft begießen.

Lammkeule mit Kartoffeln

1 kg Lammkeule, Rosmarin
20 g Butter oder Margarine
4 Eßlöffel Olivenöl, Salz
Pfeffer
1/8 Liter Weißwein
750 g Kartoffeln.

Aus der Lammkeule den Knochen lösen, mit Rosmarin, Salz und Pfeffer würzen. Fleisch zusammenbinden. Öl in einer feuerfesten Form erhitzen, die Keule hineingeben. Im vorgeheizten Backofen bei 175 Grad ca. 60 Minuten garen. Während des Garens die Keule mit Weißwein begießen und mit Butter bestreichen. Kartoffel schälen, waschen und in Scheiben schneiden und zu dem Fleisch geben. Alles nochmals ca. 30 Minuten garen.

Huhn Marengo

1 großes küchenfertiges Huhn,
2 Eßlöffel Olivenöl,
1/8 l Weißwein,
1 Tasse Wasser,
3 Fleischtomaten oder
1 Dose geschälte Tomaten,
125 g Champignons,
2 zerdrückte Knoblauchzehen,
10 kleine Zwiebelchen,
1 kleine Dose Tomatenmark,
1/2 Teelöffel Salz,
1/4 Teelöffel Pfeffer,
1 Teelöffel italienische Kräuter.

Huhn in acht Portionen teilen. Einen Topf mit Öl ausstreichen und die Geflügelteile bei 200 °C 25 Minuten im Backofen garen. Dann den Topf herausnehmen, die Geflügelteile warmstellen und den Bratensatz mit Weißwein und kochendem Wasser aufgießen. Geschälte, kleingeschnittene Tomaten, ganze oder halbierte Champignons, zerdrückte Knoblauchzehen, ganze Zwiebeln und Tomatenmark dazugeben, mit Salz, Pfeffer und Kräutern würzen, alles vorsichtig umrühren. Geflügelteile in diese Mischung geben und im Backofen bei 175 °C ca. 20 Minuten sacht schmoren lassen.

Filettoast

4 Scheiben Toastbrot
etwas Butter oder Margarine
4 kleine Scheiben Rinderfilet
Olivenöl
Salz, Pfeffer
4 Champignonköpfe.

Sauce Bernaise:
Je 1 Eßlöffel Weißwein und Weinessig
je 1 Teelöffel gehackter frischer Estragon und Kerbel
1 gehackte Zwiebel, 2 Eigelb
100 g Butter, Salz, Pfeffer.

Toastbrotscheiben im erhitzten Fett von beiden Seiten anrösten. Fleisch mit Öl bestreichen und im vorgeheizten Backofen 3 Minuten grillen. Dann die ebenfalls mit Öl bestrichenen Champignonköpfe dazulegen und alles weitere 3 Minuten grillen. Das Fleisch salzen und pfeffern. Die Toastbrotscheiben damit belegen. Essig, Wein, Kräuter und Zwiebelwürfel 5 Minuten aufkochen lassen, durch ein Sieb gießen. Eigelb, Butter, Salz und Pfeffer mischen und bei schwacher Hitze mit dem Schneebesen unter den abgekühlten Kräutersud rühren. Jeden Toast mit der Sauce übergießen, mit den Champignonköpfen garnieren.

Kalbsvögel in Weinsauce

4 Scheiben Kalbsschnitzel,
weißer Pfeffer,
1 Eßlöffel Senf,
125 g roher Schinken,
4 hartgekochte Eier,
1/8 l Fleischbrühe,
1 Eßlöffel Tomatenmark,
2 Eßlöffel Mehl,
1/8 l Rotwein,
Salz,
Olivenöl.

Fleisch mit Pfeffer bestreuen und mit Senf bestreichen. Schinkenscheiben darauflegen. Eier schälen und auf den Schinken legen. Zu Rouladen aufrollen und mit einem Baumwollfaden zusammenbinden. Öl in einen Topf geben, erhitzen und die Fleischrollen darin von allen Seiten ca. 10 Minuten anbraten. Fleischbrühe angießen und zugedeckt ca. 15 Minuten schmoren lassen. Fleisch herausnehmen, die Fäden entfernen. Tomatenmark in die Sauce geben. Mehl, Rotwein und Salz verrühren und in dem Fond aufkochen. Sofort servieren.

Pikantes Schweinefilet

750 g Schweinefilet
6 dünne Scheiben geräucherter Speck
1 zerdrückte Knoblauchzehe
Salbei, Rosmarin
Salz, Pfeffer
4 Eßlöffel Olivenöl
1 Glas Weißwein
1/4 Liter Brühe
1/8 Liter süße Sahne
Salz, Pfeffer.

Salbei, Rosmarin, Knoblauch, Salz und Pfeffer verrühren und das Filet damit würzen. Dann mit den Speckscheiben umwickeln. Öl in einer feuerfesten Form im Backofen erhitzen, das Fleisch hineinlegen und im vorgeheizten Backofen bei 175 Grad ca. 20 Minuten braten. Während der Garzeit mit Wein begießen. Fleisch herausnehmen und warm stellen. Bratenfond mit Brühe loskochen. Sahne angießen und mit den Gewürzen abschmecken.

Kalbsschnitzel nach Toscaner Art

400 g Spinat
1 zerdrückte Knoblauchzehe
Salz, Pfeffer, Muskat
4 Kalbsschnitzel, Senf
30 g Butter oder Margarine
4 Scheiben Käse.

Spinat putzen, waschen, abtropfen und in wenig Wasser kurz dünsten. Mit Knoblauch, Salz, Pfeffer und Muskat würzen. Spinat in eine gefettete Auflaufform geben. Schnitzel mit Salz und Pfeffer würzen und mit Senf bestreichen. Butter oder Margarine erhitzen und die Schnitzel darin goldbraun braten. Schnitzel auf den Spinat legen. Mit Käse belegen und 3–5 Minuten überbacken.

Risotto

(s. Foto links)

1/8 l Öl,
250 g Schweinefleisch,
1/2 Hähnchen,
2 Zwiebeln, Salz,
Cayennepfeffer,
1 l Fleischbrühe,
1 Lorbeerblatt,
2 Messerspitzen Safran,
350 g Reis,
2 Paprikaschoten,
4 Tomaten, 100 g grüne Erbsen,
100 g Brechbohnen,
100 g Champignons,
125 g Krabben aus dem Glas,
1 kleine Dose Muscheln.

Öl in einer großen Pfanne erhitzen. Schweinefleisch würfeln, Hähnchen in kleine Stücke zerschneiden. Beides im Öl anbraten. Feingehackte Zwiebeln dazugeben und mit Salz und Pfeffer würzen. Fleischbrühe mit Lorbeerblatt und Safran aufkochen und kräftig abschmecken. Reis zum Fleisch geben, leicht anrösten und mit Fleischbrühe übergießen. Bei geringer Hitze ca. 20 Minuten garen. In einem zweiten Topf in etwas Öl Paprikastückchen, gehäutete, geachtelte Tomaten, Erbsen, Bohnen und Champignons dünsten. Gemüse unter den Reis mischen. Muscheln Krabben unterheben.

Neapolitanisches Rumpsteak

1 großes Rumpsteak,
500 g geschälte Tomaten,
1/8 l Olivenöl,
1 Zwiebel, 2 Knoblauchzehen,
Oregano, 2 Eßlöffel Mehl,
Salz, Pfeffer,
Instant-Fleischbrühe.
Salz, Pfeffer, Instant-Fleischbrühe.

Zwiebel und Knoblauchzehen schälen und vierteln. Öl erhitzen, Zwiebel und Knoblauch darin anbraten. Rumpsteak in Mehl wenden. In dem Öl anbraten. Tomaten und Oregano dazugeben. Etwas Brühe angießen und alles ca. 30–40 Minuten schmoren lassen. Fleisch herausnehmen, in Scheiben schneiden und mit der Sauce übergießen.

Fasan mit Oliven

1 1/2 kg Fasan,
30 schwarze Oliven,
12 Scheiben fetter Speck,
1/8 l Olivenöl,
60 g Butter,
1 Gläschen Grappa,
Salbei, Wacholderbeeren,
Salz, Pfeffer,
Instant-Brühe,
Zitronensaft.

Küchenfertigen Fasan innen mit Salz, Pfeffer, Salbei und Wacholderbeeren würzen. Fasan mit Speckscheiben belegen. Öl und Butter erhitzen, den Fasan darin anbraten, salzen und pfeffern. Grappa und Oliven zugeben. Dann im vorgeheizten Backofen bei 175 °C ca. 60 Minuten braten. Dabei des öfteren mit dem Bratensaft begießen. Fasan herausnehmen. Fond mit Brühe loskochen und mit Zitronensaft abschmecken.

Osso buco

(s. Foto Buchdeckel-Innenseite)

1 Kalbshaxe,
Mehl, Salz, Pfeffer,
1/8 l Brühe,
1/8 l Weißwein,
2 Nelken, 1 Zwiebel,
1 Knoblauchzehe,
1 Mohrrübe, 1 Stück Porree,
1 Stück Porree,
1 Scheibe Sellerie,
etwas Zitronenschale,
Salbei, Thymian,
Rosmarin,
2 Teelöffel Tomatenmark.

Kalbshaxe in Mehl wenden, mit Salz und Pfeffer würzen. In den Römertopf geben, mit Fleischbrühe und Wein begießen, Nelken dazugeben. Im Backofen ca. 40 Minuten garen. Gehackte Zwiebel, zerdrückte Knoblauchzehe, kleingeschnittene Mohrrübe, Porree und Sellerie dazugeben und weitere 20 Minuten dünsten. Mit den Gewürzen und Tomatenmark abschmecken, nochmals 20 Minuten garen.

Leberspießchen mit glasierten Möhren

400 g Kalbsleber,
200 g Schinkenspeck,
400 g Karotten,
1 Eßlöffel Zucker,
80 g Butter,
Salz, gehackte Petersilie,
Zitronensaft.

Leber würfeln, jeden Würfel mit einer dünnen Speckscheibe umwickeln und auf Spieße stecken. Möhren mit Zucker, 40 g Butter und so viel kaltem Wasser in eine Pfanne geben, daß das Gemüse teilweise bedeckt ist. Das Wasser zum Kochen bringen, Hitze reduzieren und 15 Minuten garen. Deckel abnehmen, Temperatur erhöhen und die restliche Flüssigkeit einkochen lassen. Inzwischen die Leberspieße in einer zweiten Pfanne in der restlichen Butter ca. 10 Min. braten. Möhren vor dem Servieren salzen, mit Zitronensaft beträufeln und mit Petersilie bestreuen.

Apfelkotelett

4 Koteletts à 150 g, Olivenöl
3–4 Äpfel, Salz, Pfeffer
Paprika- und Currypulver.

Die Koteletts würzen. Öl erhitzen und von beiden Seiten braten. Äpfel schälen, das Kerngehäuse ausstechen und die Früchte in Spalten schneiden. Im Kotelettfett anbraten und mit Curry bestäuben. Auf den Koteletts anrichten.

Pernici allo champagne

(Rebhühner in Champagner)

2 küchenfertige Rebhühner,
100 g Bauchspeck in Scheiben,
50 g Butter,
Salz, Pfeffer,
1/4 Liter trockener Sekt,
2 Eßlöffel Mehl

Rebhühner säubern, waschen, trockentupfen und mit Speckscheiben belegen. Etwas Butter in einer Kasserolle erhitzen und die Rebhühner von allen Seiten darin anbraten. Anschließend mit Salz und Pfeffer bestreuen. Wenn das Fleisch schön braun ist, die Hälfte des Sekts angießen und alles in den vorgeheizten Backofen schieben. Bei 200 Grad ca. 1 Stunde garen. Die garen Rebhühner halbieren und warm stellen. Restlichen Sekt in den Bratenfond rühren, mit in Wasser angerührtem Mehl binden und zusammen mit den Rebhühnern servieren.

Hammelragout

750 g Hammelfleisch
1 Eßlöffel Tomatenmark
2 Eßlöffel Olivenöl
2 Karotten, 1 Stück Sellerie
1 zerdrückte Knoblauchzehe
1 Teelöffel gehackter Rosmarin, 1 Lorbeerblatt
Salz, Pfeffer, 1/4 Liter Rotwein
2 Eßlöffel Mehl
1/4 Liter Wasser
4 Eßlöffel süße Sahne.

Fleisch würfeln und mit Tomatenmark, Öl, vorbereitetem kleingeschnittenem Gemüse, Knoblauch, Rosmarin, Lorbeerblatt, Salz und Pfeffer anbraten. Rotwein und Wasser angießen und ca. 90 Minuten bei mittlerer Hitze garen. Bei Bedarf Flüssigkeit nachgießen. Das Lorbeerblatt herausnehmen und das Ragout mit in Sahne angerührtem Mehl binden. Nochmals abschmecken.

Nur lediglich fünf der insgesamt 21 Regionen Italiens grenzen nicht an das Meer; kein Wunder also, daß die Fischgerichte neben der „pasta“ auf keiner italienischen Speisekarte fehlen dürfen. – Ein überwältigendes Bild bietet sich den Besuchern vor allem an den Markttagen, wenn langarmige, quallige Polypen, Mollusken und auch Tintenfische in allen Größen lautstark zum Verkauf angepriesen werden. Neben den Schalentieren, die dort als „gamberetti“ oder als stattliche Langusten angeboten und meist mit Kräutern gekocht oder gegrillt werden, sind auch die Meeresfrüchte, „frutti di mare“ genannt, eine besondere Delikatesse. Sie werden wie Austern gegessen, d. h. einfach nur mit Zitronensaft beträufelt. – Wer einmal in Italien Urlaub macht, sollte sich nicht die zarte „triglie in cartocchio“ oder den „coda di rospo arrostito“, den delikaten Schwanz der riesenköpfigen häßlichen „rana peatrice“ entgehen lassen, der auf dem Holzkohlenfeuer gegrillt wird. – Die Kunst des Kochens liegt vor allem in der Zubereitungsart der Italiener, die im Gegensatz zu unserer Küche Fischfilets nicht besonders schätzen. Sie verwenden am liebsten kleine Portionsstücke oder großen, in Scheiben geschnittenen Fisch, der bis zum Verzehr die Hauptgräte in der Mitte „behält“. Auf diese Weise – so behaupten die Italiener – bleibe der Fisch schmackhafter. – Eine besondere Note erhalten die Gerichte mit Sicherheit erst durch die feine Komposition der Kräuter wie Thymian, Rosmarin, Basilikum, Petersilie, scharfem Paprika, Minze, Salbei und Lorbeer, die in Italien mit fast künstlerischer Hand zu den Speisen gegeben werden. – Während zu den Forellen der perlende rote Lambrusco getrunken wird, wird zu den anderen Fischgerichten meist nur ein trockener Weißwein gereicht.

Thunfisch vom Grill

Marinade:
5 Eßlöffel Olivenöl,
Salz,
Pfeffer,
1 Lorbeerblatt,
1 kleine Zwiebel,
2 Scheiben frischer Thunfisch (ca. 1 kg)
Sauce:
1 Bund Petersilie,

Muschelsuppe

(Zuppa di vongole e cozze)

1 Zwiebel,
2 Knoblauchzehen,
4 Eßlöffel Olivenöl,
½ Glas Weißwein,
1 kg geschälte Tomaten,
1 kg Miesmuscheln,
750 g Venusmuscheln,
Salz,
Peffer,
1 Bund gehackte Petersilie,
altbackenes Weißbrot

Zwiebel und Knoblauchzehen abziehen, feinhacken und im heißen Öl goldgelb dünsten. Wein angießen und verdunsten lassen. Tomaten zugeben und mit einer Gabel zerdrücken. Zum Kochen bringen und die Masse etwas einkochen lassen. Muscheln gründlich waschen, fest abbürsten und evtl. Verkrustungen entfernen. In eine Pfanne geben und bei starker Hitze so lange erwärmen, bis sich die Schalen öffnen. Nicht geöffnete Muscheln wegwerfen. Muscheln auf vier vorgewärmte Portionsschälchen verteilen. Die aus den Muscheln ausgetretene Flüssigkeit durchseihen und zu der Sauce gießen. Diese würzen, etwas einkochen lassen und dann auf die Muscheln verteilen. Diese mit Petersilie bestreut servieren. Getoastetes oder in Öl geröstetes Weißbrot dazu reichen.

3 Eßlöffel gehackte,
gemischte Kräuter.

Aal in nicht zu große Stücke schneiden. Tintenfisch in Ringe, vorbereitete Octopusse in kleine Stücke schneiden. Zwiebeln und Möhren schälen, Sellerie putzen, waschen und alles feinschneiden. 3 Eßlöffel Öl erhitzen und das vorbereitete Gemüse it den gemischten Trockenkräutern und den Lorbeerblättern darin andünsten. Tintenfisch und Octopuss zufügen und einige Minuten mitdünsten. Wein angießen und alles 30 Minuten schmoren lassen. In der Zwischenzeit die Muscheln gründlich waschen und abbürsten. Wasser in einem Topf erhitzen und die Muscheln hineingeben. So lange kochen, bis sich die Muscheln öffnen. Gut abtropfen lassen. Das Muschelfleisch aus der Schale lösen.
Sardellenfilets in kleine Stükke schneiden und mit dem übrigen vorbereiteten Fisch zu dem geschmorten Tintenfisch und Octopuss geben. Ca. 20 Minuten bei schwacher Hitze schmoren lassen. Nach 10 Minuten das Muschelfleisch zu geben. Mit Meersalz und getrockneten Kräutern abschmecken. Knoblauch schälen und feinhakken. 2 Eßlöffel Öl erhitzen und Knoblauch sowie gehackte, gemischte Kräuter kurz darin andünsten. Zur Suppe geben und diese servieren. Getoastete Weißbrotscheiben dazu reichen.

Italienischer Fisch

1 kg Schellfisch, Kabeljau oder Kochfisch, 1 Eßlöffel Olivenöl, 50 g gekochter Schinken, 250 g Tomaten, 250 g Selleriescheiben, 250 g Möhren, 2 Eßlöffel schwarze Oliven, Salz, Pfeffer, 1 zerdrückte Knoblauchzehe, 2 Tassen Weißwein.

Den Fisch gut säubern und mit Salz, Pfeffer und zerdrückter Knoblauchzehe von innen und außen einreiben. Öl in einer Kasserolle erhitzen, in Würfel geschnittenen Schinken darin anrösten, den Fisch hineingeben und das vorbereitete Gemüse um den Fisch legen. Weißwein angießen und alles im vorgeheizten Backofen bei 175 °C ca. 40 Minuten garen.

Überbackene Sardellen

1,5 kg frische Sardellen, Petersilie, 3 Knoblauchzehen, einige Blättchen frische Minze, Oregano, 8 Eßlöffel Olivenöl, 100 g Semmelbrösel, 2 Eßlöffel Essig.

Sardellen waschen, den Kopf entfernen, an der Bauchseite aufschneiden, von innen säubern und die Hauptgräte vorsichtig entfernen. Den Schwanz abschneiden. Sardellen nochmals waschen und gut abtrocknen. Mit Salz bestreuen. Petersilie, Knoblauch und Minze feinhakken. In eine feuerfeste Form etwas Olivenöl gießen, zwei Eßlöffel Semmelbrösel hinzugeben. Eine Schicht Sardellen darauflegen und mit dem Kräutergemisch und Oregano bestreuen. Mit Semmelbrösel bestreuen, Öl darübergießen und Sardellen darauflegen. Mit Essig beträufeln und im vorgeheizten Backofen bei ca. 175 °C ca. 30 Minuten backen.

Scampi-Spießchen

125 g Aal,
125 g durchwachsener Speck,
250 g tiefgefrorene Scampi,
12 paprikagefüllte grüne Oliven,
¼ Salatgurke,
1 Tasse Champignonköpfe (Dose),
Paprikapulver,
Salz, Pfeffer,
1 Messerspitze Glutamat,
1 Teelöffel geriebene getrocknete Dillspitzen,
½ Tasse Olivenöl.

Aal enthäuten, entgräten und in mundgerechte Stücke teilen. Speck in dünne Scheiben schneiden. Aufgetaute Scampi abwechselnd mit Oliven, Gurken- und Aalstückchen, zusammengerollten Speckscheiben und Champignons auf Holzspieße stecken. Paprika, Salz, Pfeffer, Glutamat und Dill vermischen, Spieße damit würzen. 20 Minuten ziehen lassen, auf Teller legen, mit Öl übergießen. Im vorgeheizten Backofen bei 200 °C ca. 10 Minuten rösten.

Gebackene Meerbarbe mit schwarzen Oliven

4 küchenfertige Meerbarben
Salz
¼ Tasse Olivenöl
2 Teelöffel Oregano, Pfeffer
4 Eßlöffel Butter oder Margarine
3 Eßlöffel schwarze Oliven
1 Eßlöffel Zitronensaft
2 Eßlöffel feingehackte Petersilie.

Meerbarben innen und außen salzen. Öl in einer feuerfesten Form erhitzen, Oregano und Pfeffer hineinstreuen. Den Fisch im Kräuterfett wälzen und im vorgeheizten Backofen bei 175 Grad ca. 30 Minuten backen. Butter erhitzen, Oliven, Zitronensaft und Petersilie hinzufügen. Sauce über den Fisch gießen.

Ausgebackene Scampi

1 kg tiefgekühlte Scampi,
Mehl,
2 Eier,
Salz, Pfeffer,
Öl zum Ausbacken.

Scampi auftauen lassen. Reichlich Öl erhitzen. Die Scampischwänze zuerst in Mehl, dann in den mit Salz und Pfeffer verquirlten Eiern wenden. In dem heißen Öl von allen Seiten goldbraun backen. Dazu eine Remouladensauce reichen.

Calamari friti

750 g Calamari (küchenfertig),
125 g Mehl,
½ Teelöffel Salz,
1 Eßlöffel Öl,
¼ Teelöffel Pfeffer,
ca. ⅛ l Wasser,
2 Eiweiß

Mehl in eine Schüssel geben, Salz, Öl, Pfeffer und Wasser angießen und zu einem geschmeidigen Teig verrühren. Ca. 30 Minuten stehen lassen. Vor der Weiterverarbeitung das steifgeschlagene Eiweiß unterheben.
Calamari säubern, waschen und in Ringe schneiden. Die Ringe in den Teig tauchen und 3–4 Minuten im heißen Fritierfett backen.
Mit einer Knoblauchmayonnaise servieren.

Italienischer Fischtopf

1 kg Rotbarsch oder Kabeljaufilet,
200 g Butter,
4 mittelgroße Zwiebeln,
1 Fenchelknolle,
4 Tomaten,
Salz,
2 Eßlöffel Saucenbinder,
1 Eßlöffel Essig,
Soja-Sauce,
2 Knoblauchzehen.

Das Fischfilet in mittelgroße Würfel schneiden und mit etwas Salz, Essig und Saucenbinder vermischen. Butter erhitzen und die Fischwürfel nach und nach darin anbraten, warm stellen.
Im Pfannensatz Zwiebel-, Fenchel- und Tomatenscheiben sowie zerdrückte Knoblauchzehen dünsten. Mit Soja-Sauce abschmecken und zu den Fischwürfeln servieren.

Mailänder Fischauflauf

2 Eßlöffel Margarine
2 Eßlöffel Mehl, ¼ Liter Milch
2 Eßlöffel Tomatenmark
100 g geriebener Käse
Salz, Pfeffer, 3 Eier
1 kg Fischfilet, Olivenöl
1 Zitrone zum Garnieren.

Aus Margarine und Mehl eine helle Einbrenne bereiten, mit Milch löschen. Tomatenmark und Käse zufügen, mit Salz und Pfeffer würzen. Eier trennen. Eigelb unterheben. Fisch in Würfel schneiden und in Öl kurz dünsten. Eiweiß steifschlagen und unter die vorbereitete Sauce heben. Fisch und Sauce abwechselnd in eine gefettete Auflaufform füllen und im vorgeheizten Backofen bei 175 Grad ca. 20 Minuten goldgelb backen. Mit Zitronenscheiben garnieren.

Schellfisch in Alufolie

(s. Foto links)

4 Schellfischfilets,
Saft 1 Zitrone,
Salz,
4 Tomaten,
2 Zwiebeln,
1 Bund Petersilie.

Fisch säubern, säuern und salzen. Tomaten in Scheiben schneiden und mit kleingehackter Zwiebel und Petersilie auf ein genügend großes Stück Alufolie geben. Fisch daraufbetten, Folie verschließen. Bei 200 °C ca. 10–15 Minuten garen.

Mit folgendem Gemüse anrichten:

Buntes Gemüse

1 weißer Rettich,
3 Karotten,
½ Stange Porree,
1 Kohlrabi,
1 Eßlöffel Butter,
1 Petersilienwurzel,
1 Teelöffel Kräuter der Provence,
Salz, Pfeffer, Muskat.

Gemüse putzen und kleinschneiden. Butter erhitzen, Gemüse und Kräuter darin ca. 20–25 Min. dünsten. Petersilienwurzel entfernen. Gemüse abschmecken und mit den Tomaten um den Fisch legen.

Austernauflauf

2 Eßlöffel Butter oder Margarine
3 Scheiben Weißbrot
1 zerdrückte Knoblauchzehe
2 Eßlöffel feingehackte Petersilie
24 Austern
3 Eßlöffel geriebener Parmesan
2 Eßlöffel Butter.

Butter oder Margarine erhitzen. Brot in Stückchen schneiden und mit dem Knoblauch in dem Fett goldbraun braten. Petersilie hinzufügen. Hälfte der Mischung in eine feuerfeste gefettete Form geben. Die Austern hineingeben. Restliche Brotkrumen mit Parmesan vermischen und über die Austern streuen. Mit Butterflöckchen belegen und im vorgeheizten Backofen bei 200 Grad ca. 10–15 Minuten backen.

Tintenfisch-Muschelsalat

500 g Muscheln (Dose)
400 g Tintenfisch (Dose)
300 g tiefgekühlte Scampis
Saft von 1 Zitrone
Salz, Pfeffer
6 Eßlöffel Olivenöl
2 Knoblauchzehen
1 Zwiebel
1 Bund Petersilie
1 Zweig Rosmarin

Muscheln und Tintenfisch aus der Dose nehmen und abtropfen lassen. Scampis auftauen. Muscheln mit kleingeschnittenem Tintenfisch und Scampis in eine Schüssel geben. Zitronensaft mit Salz, Pfeffer, Olivenöl verrühren. Knoblauchzehen, geschälte Zwiebel, Rosmarin und Petersilie feinhacken und über den Salat gießen und durchziehen lassen.

Meeräschen vom Grill

3 Meeräschen,
3 Eßlöffel Olivenöl,
Salz, Pfeffer,
Zitronensaft.

Äschen schuppen, ausnehmen und waschen. Fisch abtropfen, mit Zitronensaft beträufeln und mit Salz und Pfeffer würzen. Auf den heißen Grillrost legen. Mit Öl bestreichen und ca. 10 Min. von jeder Seite grillen.

Alici arrancanate

(Überbackene Sardellen)

1 ½ kg küchenfertige Sardellen,
Salz,
1 Bund Petersilie,
4 Knoblauchzehen,
4 Blättchen frische Minze,
½ Teelöffel Oregano,
8 Eßlöffel Olivenöl,
100 g Semmelbrösel,
Saft von 1 Zitrone

Sardellen waschen, trockentupfen und mit Salz bestreuen. Petersilie mit den abgezogenen Knoblauchzehen feinhacken und mit Oregano und den zerpflückten Minzeblättern vermischen. Öl und zwei Eßlöffel Semmelbrösel in eine feuerfeste Form geben, einige Sardellen darüberschichten und diese mit dem Kräutergemisch bestreuen. Darüber wieder Semmelbrösel, Öl, Sardellen und Kräuter geben, bis die ganzen Zutaten verbraucht sind. Mit Zitronensaft beträufeln und im vorgeheizten Backofen bei 200 Grad ca. 30 Minuten goldbraun backen.

Gemischter fritierter Fisch

15o g Scampi,
15o g Kalamare,
15o g Garneelen (ohne Schale),
15o g Seezungenfilets,
15o g Kabeljaufilet,
4 kleine küchenfertige Heringe,
15o g küchenfertige Sprotten,
Salz,
Pfeffer,
Fritierfett,
Petersiliensträußchen,
Zitronenachtel

Fisch nacheinander in heißem Fritierfett goldbraun backen. Mit Pfeffer und Salz bestreuen und mit Petersiliensträußchen und Zitronenachteln garniert servieren. Nach Wunsch mit flüssiger Butter oder einer pikanten Sauce servieren.

Fritierte Sardinen

1 kg frische Sardinen,
3 Eßlöffel Mehl,
1 Zwiebel,
1 Sellerieknolle,
2 Möhren,
2 Lorbeerblätter,
1 gehackte Knoblauchzehe,
1 Glas Essig,
⅛ l Öl,
Salz, Pfeffer,
Öl zum Fritieren.

Sardinen schuppen, ausnehmen, waschen und abtrocknen. Im Mehl wenden. Öl erhitzen und die Sardinen darin fritieren, bis sie hellgelb sind, auf Küchenpapier legen. Mit Salz bestreuen. Gemüse in feine Streifen schneiden, mehlen und fritieren. Sardinen mit dem Gemüse in eine Schüssel schichten. Knoblauch, Lorbeerblätter und Pfeffer dazugeben. Essig erwärmen und mit dem Olivenöl über den Fischtopf gießen.

Fischspieße

1 kg Fischfilet,
4 Tomaten,
2 Zwiebeln,
1 Stück Salatgurke,
1 Zitrone,
2 Eßlöffel Olivenöl,
Paprikapulver,
Pfeffer, Salz.

Fischfilet gut säubern und in Würfel, Tomaten in Achtel, Zwiebeln in Stückchen und Gurke in dicke Scheiben schneiden. Alle Zutaten abwechselnd bunt auf Spieße stecken, mit Zitronensaft beträufeln, mit Salz, Pfeffer und Paprikapulver würzen und mit Öl bestreichen. Unter dem Grill oder in der Pfanne ca. 20 Minuten garen und auf Curry-Reis anrichten.

Süßspeisen – Desserts

Im Gegensatz zu den Österreichern und uns Deutschen legen die Italiener weniger Wert auf das süße "Danach". Es wird hauptsächlich eine Platte mit ausgezeichnetem Käse oder verschiedene Früchte als Nachtisch gereicht, wie z.B. eine "dolce", eine saftige Orange, die auf eine Gabel gespießt, geschält, in Scheiben geschnitten, mit Zucker bestreut und mit Maraschino beträufelt wird oder mit Orangensaft bestrichene Walderdbeeren mit einer Kugel Vanilleeis oder ein ganz frischer Obstsalat mit einem Schuß Kirschwasser. – Drei der beliebtesten süßen Desserts sind "zabaione", eine sahnegefüllte Biskuitbombe, genannt "zuccotto toscano" und die "zuppa inglese", die aus likörgetränktem Biskuit, viel Früchten, Vanillecreme und Sahne besteht. Eine sehr süße und saftige Speise. – Weniger als Desserts, sondern mehr als kleine Erfrischung zwischen den Mahlzeiten wird in Italien das wohl beste Eis der Welt gereicht.

Zuppa inglese

½ Liter Milch,
5 Eigelb,
125 g Zucker,
1 Päckchen Vanillinzucker,
30 g Mehl,
½ Tasse kalte Milch,
100 g kandierte Früchte,
1 gekaufter Biskuitboden,
5 Eiweiß,
100 g Puderzucker,
Alchermes (ital. Likör),Rum

Milch zum Kochen bringen. Eigelb, Zucker, Vanillinzucker und Mehl gut verrühren. Die kalte, und dann langsam die kochende Milch dazugießen und alles mit dem Schneebesen kräftig verschlagen, bis eine cremige Masse entstanden ist. Diese in einen Topf gießen und bei milder Hitze unter ständigem Rühren einmal kurz aufkochen lassen. In eine Schüssel geben und auskühlen lassen, dabei mehrmals umrühren, damit sich keine Haut bildet. Die kandierten Früchte in Würfel und den Biskuit in feine Scheiben schneiden. Eiweiß zu steifem Schnee schlagen, Puderzucker unterheben. Eine feuerfeste Form mit einer Lage Creme bestreichen, Biskuitscheiben darauflegen und mit Rum beträufeln. Wieder etwas Creme darübergeben, mit Biskuit abdecken und diese Schicht mit Alchermis tränken. Dieser Vorgang wird solange wiederholt, bis alle Zutaten verbraucht sind. Die letzte Lage sollte aus Creme bestehen. Zum Schluß mit kandierten Früchtewürfeln bestreuen, den Eischnee darüberstreichen und im vorgeheizten Backofen bei 180 Grad goldbraun backen. Kalt servieren.

Zuccotto
(Biskuitbombe)

250 g kandierte Früchte,
¼ Liter Grand Marnier,
400 g Blockschokolade,
¾ Liter Sahne,
100 g Puderzucker,
100 g Zucker,
1 Biskuitboden,

Die kandierten Früchte in Würfel schneiden mit Grand Manier übergießen und ca. 1 Stunde darin marinieren lassen. Blockschokolade halbieren, die eine Hälfte reiben, die andere in Stücke schneiden. ½ Liter Sahne mit der Hälfte des Puderzuckers steifschlagen. Anschließend auf zwei Schüsseln verteilen. Die marinierten kandierten Früchte mit der geriebenen Schokolade zu einer Sahneportion geben. Die andere Portion mit den Schokoladenstückchen vermischen. Sahne kalt stellen. Zucker mit Wasser unter ständigem Rühren zu einem dünnflüssigen Sirup kochen, abkühlen lassen und mit 1 Gläschen der Grand Marnier-Marinade verrühren. Biskuitboden zweimal durchschneiden. Eine runde hohe Schüssel mit Alufolie ausschlagen. Einen Boden in Achtel schneiden und das Innere der Schüssel damit auslegen. Mit Grand Manier-Zuckerflüssigkeit beträufeln.
Die erkaltete Sahne mit den kandierten Früchten und der geriebenen Schokolade so darauf verstreichen, daß eine flache Mulde entsteht. Darauf die Sahne mit den Schokoladenstückchen füllen, die Oberfläche schön glattstreichen und mit der anderen Biskuithälfte abdecken. Diese ebenfalls mit der Grand Marnier-Zuckerlösung bepinseln und die „Zuccotto" für ca. 4 Stunden kalt stellen. Restliche Sahne mit restlichen Puderzucker steifschlagen. „Zuccotto" stürzen, Alufolie abziehen und mit der Sahne überziehen. Nach Wunsch mit Sahnetupfen und kandierten Früchten verziert servieren.

Johannisbeer-, Birnen- und Himbeersorbet

Pro Sorbet:
2 Eiweiß
150 g Zucker
½ Liter Fruchtsaft.
Zusätzlich 1 Zimtstange und Nelken für das Birnensorbet.

Birnensaft mit Zimtstange und Nelken zum Kochen bringen. Ca. 5 Minuten sprudelnd kochen lassen. Eiweiß steif schlagen, Zucker dabei langsam einrieseln lassen. Kalten Saft nach und nach vorsichtig unterrühren. (Zimtstange und Nelken vorher aus dem Birnensaft entfernen). Masse in einer Rührschüssel im Gefrierfach so lange frosten, bis die Masse beginnt fest zu werden. Anschließend mit dem Handrührgerät aufschlagen, erneut gefrieren lassen und wieder aufschlagen. Diesen Vorgang mindestens dreimal wiederholen, damit das Sorbet locker wird. Erst dann servieren.

Feigen mit Sahne

1 kg Feigen,
30 g Puderzucker,
¼ Liter süße Sahne.

Feigen waschen und gut abtrocknen. Von der Spitze her die Haut dünn abschälen. Feigen in eine Schüssel legen und mit Puderzucker bestreuen. 2–3 Stunden kalt stellen. Sahne steif schlagen und getrennt zu den Feigen servieren.

Kaffee-Eiercreme

½ Liter Milch
4 Eßlöffel frisch gefilterter Kaffee
1 Päckchen Vanillinzucker.

Karamel:
100 g Zucker
½ Gläschen warmes Wasser.

Eicreme:
4 Eigelb, 100 g Puderzucker
½ Becher süße Sahne.

Milch, Kaffee und Vanillinzucker aufkochen und erkalten lassen. Für die Karamelsauce den Zucker in einer Pfanne schmelzen. Wenn er zu bräunen beginnt das Wasser zufügen. Bei geringer Hitze unter Rühren den Zucker ganz auflösen, dann zu der Milch-Kaffeemasse gießen. Eigelb und Puderzucker gut verquirlen und zur Milch-Kaffee-Karamelmasse geben. Alles nochmals aufkochen und umrühren, bis eine dickliche Masse entstanden ist. In Portionsgläser füllen und mit einer Sahnehaube krönen.

Tira mi su

300 g Mascarpone
50 g Zucker,
4 Eier,
5 cl Brandy,
1 Tasse schwarzer Kaffee,
Kakao.

Mascarpone mit Eigelb und Zucker verrühren. Eiweiß zu sehr steifem Schnee schlagen, mit der Mascarponemasse verrühren. Dann den Boden einer kleineren Schale mit Bisquits auslegen und mit Brandy und Kaffee tränken. Darauf etwa zwei Drittel der Mascarponemasse verteilen. Dann eine zweite Schicht Bisquits darüberlegen, wieder mit Kaffee und Brandy tränken. Die restliche Masse glatt darüberstreichen, mit Kakao bestreuen.

Früchteeisbecher mit Schoko-Vanilleeis

200 g Erdbeeren, 2 Kiwi
200 g Pfirsiche
200 g Vanilleeis
200 g Schokoladeneis
½ Tasse frisch gefilterter Kaffee, 2 cl Eierlikör
5 Eßlöffel geschlagene Sahne.

Erdbeeren putzen und halbieren. Kiwi schälen und mit den Pfirsichen in Scheiben schneiden. Vanille- und Schokoladeneis in Würfel schneiden und mit den Früchten in vier Gläser schichten. Kaffee, Eierlikör und Sahne verrühren, über das Eis geben und sofort servieren.

Frische Pfirsiche mit Makronenfüllung

6 Pfirsiche
125 g Makronenbrösel
2 Eßlöffel Zucker
4 Eßlöffel Butter, 2 Eigelb.

Pfirsicne enthäuten, halbieren und die Kerne entfernen. Aus jeder Hälfte so viel Fruchtfleisch herauslösen, daß ein tiefer Hohlraum entsteht. Dieses Fruchtfleisch mit Makronenbröseln vermischen, dann Zucker, Butter und Eigelb hineinrühren. Pfirsichhälften mit der Makronenmischung füllen und im Backofen bei 175 Grad ca. 10 Minuten backen.

Sommerspaß

¼ Liter Milch,
1 Vanilleschote,
4 Eigelb,
100 g Puderzucker,
6 Blatt weiße Gelatine,
½ Liter Schlagsahne,
100 g pürierte und etwas gesüßte Himbeeren,
50 g geriebene Schokolade,
20 g Kakao,
⅛ Liter Schlagsahne zum Verzieren.

Vanilleschote der Länge nach aufschneiden, das Mark herauskratzen und beides mit der Milch aufkochen. Eigelb mit Zucker schaumig rühren. Die Milch (ohne Vanilleschote) unter ständigem Rühren langsam zu der Eiercreme gießen. Die Eier-Milch-Mischung im Wasserbad weiterschlagen, bis sie dicklich wird. Anschließend die inzwischen eingeweichte und gut ausgedrückte Gelatine dazugeben und auflösen. Topf in eine Schüssel mit Eiswasser stellen und Creme weiterschlagen, bis sie zu gelieren beginnt. Dann die steifgeschlagene Sahne unterheben und die Masse in drei Teile teilen. Einen Teil mit den Himbeeren, den zweiten mit der Schokolade und dem Kakao vermischen. Die drei Cremes schichtweise in Gläser füllen und mit Sahnetupfern verzieren.

Aprikosen-Parfait mit Mokkasahne

1 Dose Aprikosen
1 Teelöffel Zitronensaft
3 Eigelb, 75 g Puderzucker
1 Becher Sahne
1 Päckchen Sahnesteif.

Mokkasahne:
4 Blatt Gelatine, 50 g Zucker
1 Päckchen Vanillinzucker
1 Tasse frisch gefilteter Kaffee
1 Becher Sahne.

Aprikosen pürieren und mit Zitronensaft vermischen. Eigelb und Puderzucker im Wasserbad verschlagen, bis eine dickliche, cremige Masse entstanden ist. Aus dem Wasserbad nehmen und in kaltem Wasser unter Rühren abkühlen lassen. Sahne mit Sahnesteif steifschlagen, mit Eigelbmasse und Aprikosenpüree vermengen, in eine Form geben und im Gefrierfach ca. 3 Stunden frosten lassen. – Die nach Vorschrift eingeweichte Gelatine auflösen und mit Zucker, Vanillinzucker und Kaffee verrühren. Sobald der Kaffee Bahnen zu ziehen beginnt, die steifgeschlagene Sahne unterheben. Aprikosen-Parfait in Scheiben schneiden, auf vier Teller verteilen und jeweils mit Mokka-Sahnetupfen verzieren.

Montblanc

1200 g Edelkastanien,
2 Liter Milch,
Vanillearoma,
400 g Puderzucker,
1 Liter Sahne,
2 Eßl. Puderzucker,
1 Gläschen Rum.

Kastanien enthülsen und die dünne Haut sorgfältig abziehen. Kastanien in der Milch kochen. Die weichgekochten Kastanien durchpassieren. Puderzucker, etwas Vanillearoma und Rum daruntermischen. Auf eine Platte häufen. Sahne steif schlagen, mit etwas Puderzucker süßen und über das Kastanienmus geben.

Gefüllte Ananas

1 Ananas, 400 g Erdbeeren, 100 g Zucker, nach Wunsch Likör.

Ananas halbieren, das Fruchtfleisch herauslösen und mit den Erdbeeren kleinschneiden. Zurück in die ausgehöhlten Ananashälften füllen, mit Zucker bestreuen, mit Likör beträufeln und gut gekühlt servieren.

Kiwikränze: Zart und erfrischend zugleich

blech mit Backpapier auslegen und je nach Wunsch 8–12 Torteletts daraufspritzen. Jeden Baiserkranz mit einem Tupfenrand versehen. Im vorgeheizten Backofen bei 50 Grad ca. 10 Stunden trocknen lassen. Die Tür des Backofens sollte während dieser Zeit mit einem Kochlöffel einen Spalt offengehalten werden. Die fertigen Törtchen mit geschälten, in Scheiben geschnittenen Kiwis belegen.

Birnen in Rotwein

12 kleine, reife Birnen,
½ bis 1 Liter Rotwein,
1 Liter Rotwein,
200 g Zucker,
einige Nelken.

Birnen waschen, mit einem Messer den Blütenansatz, jedoch nicht den Stiel entfernen. Die ungeschälten Birnen in eine Auflaufform setzen und mit Rotwein bedekken. Zucker und die Nelken hinzufügen. Im vorgeheizten Backofen bei 200 °C ca. 1 Stunde weichdünsten. Nach Wunsch geschlagene Sahne dazu reichen.

Vanille-Flammeri

½ Liter Milch, 50 g Zucker
½ Vanilleschote
45 g Stärkemehl
3 Eßlöffel Milch, 1 Ei, Salz.

Milch mit aufgeschlitzter Vanilleschote und einer Prise Salz zum Kochen bringen. Stärkemehl anrühren; wenn die Milch zu kochen beginnt, von der Kochstelle nehmen, Stärkemehl einrühren und nochmals kurz aufkochen lassen. Eigelb und zum Schluß den Eischnee unterziehen. Zu diesem Vanille-Flammeri kann Fruchtsaft oder Schokoladensauce serviert werden.

Kiwikränze

(s. Foto oben)

Baisermasse:
12 Eier,
300 g Zucker,
225 g Puderzucker,
45 g Speisestärke.

Füllung:
4–6 Kiwis.

Eiweiß steif schlagen und dabei langsam den Kristallzukker einrieseln lassen. Puderzucker mit Speisestärke über den Eischnee sieben und mit einem Schneebesen unterheben. Baisermasse in einen Spritzbeutel füllen. Back-

Zitronen-Weincreme

30 g Stärkemehl
¼ Liter Weißwein
2 Zitronen
125 g Zucker
2 Eigelb
⅛ Liter Sahne
Sahne und Mandelblättchen zum Verzieren.

Stärkemehl mit Wein glatt rühren und mit dem Saft und der abgeriebenen Zitronenschale vermischen. Wasser mit Zucker aufkochen, das angerührte Stärkemehl hineinschütten, aufkochen lassen und von der Kochstelle nehmen. Etwas abkühlen lassen und Eigelb unterziehen. Während des Abkühlens mehrere Male durchrühren. Wenn die Creme erkaltet ist, die steifgeschlagene Sahne unterheben, die Speise in Gläser füllen und zum völligen Stocken nochmals kalt stellen. Dann mit Sahnetupfen und in trockener Pfanne gerösteten Mandelblättchen verziert anrichten.

Pfirsich-Reis

1 Liter Milch,
200 g Reis,
50 g Zucker,
1 Prise Salz,
10 g Butter,
1 Messerspitze Vanillinzucker,
1 Dose Pfirsiche,
3 Eßlöffel Aprikosengelee,

geröstete Pistazien, kandierte Kirschen.

Milch zum Kochen bringen, Zucker, Vanillinzucker, Salz und Butter hinzufügen. Umrühren und den Reis einstreuen, ca. 20 Minuten kochen. Reis abkühlen lassen und auf einer Platte anrichten. Pfirsiche abtropfen lassen und um den Reis legen. Mit Aprikosengelee, Pistazien und Kirschen verzieren.

Schlemmermelone

1 kleine Melone, 500 g gemischtes Obst nach Ihrer Wahl (Erdbeeren, Johannisbeeren, Himbeeren, Orangen, Ananas, Mandarinen usw.), 1 Gläschen Weinbrand, 200 g Zucker, 1 Päckchen Vanillinzucker, 1 kleine Flasche Sekt.

Melone halbieren und das Fruchtfleisch mit einem Eßlöffel herauslösen. Das Fruchtfleisch würfeln und mit den anderen zerkleinerten Früchten vermischen. Alles mit Zucker und Vanillinzucker bestreuen, gut durchmischen und zurück in die Melonenschalen füllen. Mit Weinbrand beträufeln und mit Sekt auffüllen.

Zabaione: Das richtige Dessert für Schlemmer

Zitronencreme

2 Becher Joghurt, 1 Zitrone
1 Pampelmuse, 4 Apfelsinen
1 Päckchen Löffelbiskuits
125 g Zucker, ¼ Liter Sahne
6 Blatt weiße Gelatine.

Joghurt mit 25 g Zucker, abgeriebener Zitronenschale und Zitronensaft verrühren, Gelatine einweichen, ausdrücken und nach Vorschrift auflösen. Tropfenweise unter den Joghurt mischen und diesen zum Stocken kalt stellen. Wenn er dicklich wird, die steifgeschlagene Sahne unterheben. Apfelsinen und Pampelmuse schälen. Die Apfelsinen in Scheiben und die Pampelmuse in kleine Stücke schneiden. Beides in eine Schale füllen und mit Zucker bestreuen. Biskuits zerkrümeln und in Portionsgläser geben, darauf die Früchte verteilen und mit Joghurtcreme abdecken. Zum völligen Stocken nochmals kalt stellen.

Aprikosencreme

750 g Aprikosen
1 Tasse Weißwein
200 g Zucker, 100 g Mandeln
6 Blatt Gelatine
⅛ Liter Weißwein
½ Liter Schlagsahne.

Aprikosen entsteinen, mit einer Tasse Weißwein und Zucker weich dünsten, durch ein Sieb streichen und erkalten lassen. ⅛ Liter Weißwein erhitzen, die eingeweichte, ausgedrückte Gelatine darin auflösen und den Wein unter die Aprikosenmasse geben. Wenn die Creme zu stocken beginnt, steifgeschlagene Sahne und gemahlene Mandeln unterziehen. Die Creme in Gläser oder Portionsschälchen füllen und kalt stellen. Mit Schlagsahne und einer Aprikosenhälfte verzieren.

Zabaione

(Weinschaumcreme)

(s. Foto oben)

6 Eigelb,
10 Eßlöffel Zucker,
12 Eßlöffel süßer Wein (Marsala, weißer Porto o. ä.).

Das Eigelb mit Zucker in eine feuerfeste Schüssel geben und ins warme (nicht kochende) Wasserbad stellen. Mit dem Handmixer schlagen, bis die Masse kremig wird. Den Wein nach und nach unter kräftigem Rühren unter die Masse schlagen, Warm in Cocktailgläser füllen und mit Biskuits sofort servieren.

Kuchen

Nicht nur der Religion, sondern auch der Kunst des Backens widmeten in den Vorzeiten die italienischen Nonnen ihre Zeit. Ihnen verdanken wir die zahlreichen süßen Köstlichkeiten, deren Rezepte sie wie einen Liebesbrief hüteten und weitergaben. – Die meisten Süßspeisen findet man in der Gegend um Sizilien, wo die Kinder am Allerseelentag nach Geschenken und Gebäck (ossi di morti = Totenknochen) suchen. Ein alter Glaube besagt, daß die Geschenke von Geistern der verstorbenen Familienmitglieder als Belohnung für braves Verhalten versteckt werden. – Eine besonders raffinierte Verbindung aus Füllung und Kuchenteig ist die Schichttorte, besser unter dem Namen „cassata" bekannt. Sie wurde früher meist nur zur Weihnachts- oder Osterzeit gebacken, während sie heute auch auf Hochzeiten und Feiern eines neuen Lebensabschnittes gereicht wird.

Mandeltorte

100 g Mandeln,
200 g Zucker, 100 g Mehl,
100 g Butter,
20 Mandeln zum Verzieren.

100 g Mandeln in kochendes Wasser legen, schälen und im Ofen trocknen lassen. Mandeln kleinhacken. Butter im Wasserbad schmelzen, dann in einer Schüssel mit Mehl, Zucker und den Mandeln vermengen. Teig zugedeckt 1 Stunde ruhen lassen. Eine Kuchenform mit Butter ausstreichen und mit Zucker bestreuen. Teig einfüllen. Mit den Mandeln verzieren. Im vorgeheizten Backofen ca. 30 Minuten backen.

Maiskuchen

½ Liter Milch,
100 g Butter,
200 g Zucker,
300 g feiner Maisgrieß,
100 g Mehl, 5 Eier,
150 g Sultaninen,
150 g Pinienkerne,
10 g Salz,
1 Päckchen Backpulver,
geriebene Schale einer Zitrone,
Vanillinzucker.

Milch zum Kochen bringen, Zucker und Salz dazugeben. Mehl und Maisgrieß mischen und unter ständigem Rühren zu der Milch geben. Masse in eine Schüssel geben, mit Butter, Eiern, Sultaninen, Pinienkernen, Zitronenschale, Vanillinzucker und Backpulver vermengen. Eine Napfkuchenform mit Butter ausstreichen und mit Mehl bestäuben. Masse hineinfüllen und im vorgeheizten Backofen bei 175 °C ca. 30 Minuten backen.

Biskuittorteletts mit Erdbeeren und Eis

3 Eier
3 Eßlöffel heißes Wasser
150 g Zucker
200 g Mehl
1 Teelöffel Backpulver
20 g aufgelöste Butter oder Margarine
250 g Erdbeeren
1 Packung Vanille-Eis
2 Eßlöffel Paniermehl.

Eigelb und heißes Wasser mit ⅔ des Zuckers schaumig schlagen. Eiweiß mit dem restlichen Zucker steifschlagen. Eischnee auf die Schaummasse geben. Mehl und Backpulver darübersieben, leicht und locker unterheben. Tortelettformen mit Butter oder Margarine ausstreichen, mit Paniermehl ausstreuen und den Teig mit einem Löffel in die Form füllen. Bei 180 Grad ca. 10 Minuten abbacken. Die noch heißen Torteletts sofort aus der Form lösen. Auf ein Kuchengitter legen und auskühlen lassen. Erdbeeren putzen, halbieren. Eis in Scheiben schneiden und mit den halbierten Erdbeeren auf den erkalteten Torteletts anrichten.

Panettone
(Kaffekuchen)

350 g Mehl,
½ Würfel frische Hefe,
ca. ½ Tasse lauwarme Milch,
1 Prise Salz,
60 g Zucker,
40 g Butter oder Margarine,
1 Ei,
80 g Sultaninen,
je 20 g Zitronat und Orangeat,
½ Teelöffel abgeriebene Zitronenschale

Mehl in eine Schüssel geben, in die Mitte eine Vertiefung schieben und die Hefe hineinbröckeln. Mit etwas lauwarmer Milch verrühren und an einem warmen Ort zugedeckt ca. 15 Minuten gehen lassen. Abgeriebene Zitronenschale, Salz und Zucker an den Rand streuen. Restliche lauwarme Milch mit der darin aufgelösten Butter oder Margarine und dem verschlagenen Ei angießen und alles zu einem glatten Teig verkneten. Zugedeckt ca. 20–30 Minuten gehen lassen. Anschließend Sultaninen, Zitronat und Orangeat unterkneten. In eine gefettete und mit Paniermehl ausgestreute Kastenform geben, erneut kurz gehen lassen und im vorgeheizten Backofen bei 200 Grad ca. 45–50 Minuten backen.

Schokoladentorte Capri

250 g Butter,
250 g Zucker,
5 Eier,
250 g gemahlene Mandeln,
50 g bittere geriebene Schokolade,
75 g Mehl,
Butter und Semmelbrösel für die Form.
⅛ l Sahne

Butter und Zucker schaumig rühren und nach und nach die Eier unter ständigem Rühren hinzufügen. Löffelweise Mandeln, Schkokolade und Mehl zur Masse geben und verrühren. Eine Springform mit Butter ausstreichen und mit Semmelbrösel ausstreuen. Teig hineinfüllen und im vorgeheizten Backofen bei 175 Grad ca. 75 Minuten backen. Mit Sahnetupfern hübsch verzieren.

Weincremetorte

Bisbuitboden:
2 Eigelb, 2–3 Eßlöffel warmes Wasser, 100 g Zucker
1 Päckchen Vanillin-Zucker
2 Eiweiß, 75 g Mehl
50 g Speisestärke
½ Teelöffel Backpulver.

Füllung:
¼ Liter Wasser
1 Päckchen Puddingpulver Vanille-Geschmack
125 g Zucker
¼ Liter Weißwein
1 Eßlöffel Zironensaft
⅜ Liter Sahne
Mandelblättchen.

Eigelb mit Wasser schaumig schlagen und nach und nach ⅔ des Zucker mit Vanillin-Zucker dazugeben. So lange schlagen, bis eine cremige Masse entstanden ist. Eiweiß steifschlagen und mit dem Rest des Zucker dazugeben. Das mit Stärkemehl und Backpulver gesiebte Mehl unter die Creme geben. Springform mit Back-Papier auslegen. Teig hineingeben und im vorgeheizten Backofen bei 175–195 Grad ca. 20–30 Minuten backen. Gelatine mit 3 Eßlöffeln Wasser anrühren und ausquellen lassen. Pudding-Pulver und Zukmit 4 Eßlöffeln Wasser anrühren. Das restliche Wasser erhitzen. Von der Kochstelle nehmen und das Puddingpulver einrühren, kurz aufkochen lassen. Dann die gequollene Gelatine dazugeben und solange rühren, bis sie sich aufgelöst hat. Wein und Zitronensaft darunterrühren und den Pudding erkalten lassen. Steifgeschlagene Sahne unterheben. Den Tortenboden einmal durchschneiden. Den unteren Boden mit ¾ der Creme bestreichen. Den anderen Boden darauflegen und gut andrücken. Rand und oberen Boden mit der restlichen Creme bestreichen und mit den Mandelblättchen bestreuen.

Blätterteig „Suola“

300 g tiefgefrorener Blätterteig
2–3 Eßlöffel Zucker, 1 Eiweiß
100 g Hagelzucker
¼ Liter Sahne
1 Päckchen Sahnesteif
1 Päckchen Vanillinzucker
1 Dose Pfirsiche
1 Packung Maracuja-Eis.

Blätterteig nach Vorschrift auftauen. Die vier Platten auf einer leicht bemehlten Arbeitsfläche jeweils zu einem Quadrat von 15 × 15 cm ausrollen. Jedes halbieren, so daß 8 Rechtecke entstehen. Die vier Ecken der Rechtecke jeweils mit Hilfe eines Messers abrunden. Die Hälfte der Teigplatten mit Eiweiß bestreichen, mit Hagelzucker bestreuen und mit den unbestreuten Platten auf ein mit Back-Papier ausgelegtes Backblech im vorgeheizten Backofen bei 180 Grad ca. 15 Minuten backen. Anschließend auskühlen lassen. Sahne mit Sahnesteif, Zucker und Vanillinzucker steifschlagen. Die unbestreuten Blätterteigplatten mit Sahnetupfen versehen. Pfirsichhälften und Eisscheiben jeweils darauf verteilen und mit je einer Hagelzucker bestreuten Blätterteigplatte abdecken.

Kleine Italiener

500 g Mehl,
1 Päckchen Trockenhefe,
50 g Zucker,
1 Päckchen Vanillinzucker,
Salz,
100 g zerlassene Butter oder Margarine,
2 Eier,
⅛ Liter lauwarme Milch,
75 g weiche Butter,
200 g Marzipan-Rohmasse,
125 g Mandeln,
75 g Zucker,
4 Eßlöffel Aprikosenkonfitüre,
3 Eßlöffel Wasser.

Mehl in eine Schüssel sieben, Trockenhefe untermischen. Zucker, Vanillinzucker, Salz, Butter oder Margarine, Eier und Milch zufügen, alles zu einem Teig verarbeiten. An einem warmen Ort gehen lassen. Nochmals gut durchkneten. Teig zu einem Rechteck von 40 × 60 cm ausrollen, mit weicher Butter bestreichen. Marzipan in kleine Würfel schneiden. Mandeln kleinhacken. Marzipanwürfel, Mandeln und Zucker vermischen und auf dem Teig verteilen. Aufrollen und mit einem Messer in 2 cm dicke Scheiben schneiden, diese zweimal der Länge nach bis auf 1 cm einschneiden. Die so entstandenen Streifen nach links oder nach rechts auseinanderziehen und die Teigstücke auf ein gefettetes Backblech legen. Nochmals an einem warmen Ort gehen lassen. Im vorgeheizten Backofen bei 200 Grad ca. 10–15 Minuten backen. Aprikosenkonfitüre durch ein Sieb streichen, mit Wasser verrühren, einmal aufkochen lassen. Gebäck sofort nach dem Backen damit bestreichen.

Himbeer-Eisbombe

1 Biskuit-Teigmischung
für den Belag:
1 Glas Himbeermarmelade,
200 g Butter,
150 g Puderzucker,
2 Eigelb.

Für die Füllung:
1 Paket tiefgefrorene Himbeeren,
200 g Puderzucker,
½ Liter Sahne,
Himbeergeist.

Biskuitteig nach Packungsvorschrift herstellen und backen. Für den Belag: Butter, Puderzucker und Eigelb mischen. Teigplatte mit Marmelade und Buttercreme bestreichen. Aufrollen, in Scheiben schneiden und eine gefettete Kuchenform damit auslegen. Himbeeren mit Puderzucker bestäuben. Steifgeschlagene Sahne und Himbeergeist unter die Beeren ziehen, auf die Kuchenscheiben legen und 2 Stunden in der Tiefkühltruhe hart werden lassen. Form in heißes Wasser tauchen und stürzen.

Eistorte

12 Eier
1 Eßlöffel Rum
150 g Zucker
4 Päckchen Vanillinzucker
1 Prise Salz
5 Becher Sahne
5 Päckchen Sahnesteif
200 g Erdbeeren
100 g Kakao.

250 g Erdbeeren
1 Kiwi
2 Scheiben Ananas.

Eier trennen. Eigelb, Rum, Zucker und Vanillinzucker schaumig schlagen. Sahne mit Sahnesteif schlagen, mit Eischnee und der Eigelbmasse vermengen. In drei gleichgroße Teile teilen. Die helle Masse in die Form geben und in die Tiefkühlung stellen. Erdbeeren waschen, putzen, pürieren und unter ein Drittel der Masse heben. Auf die erste Schicht füllen und gefrieren lassen. Unter das letzte Drittel das Kakaopulver mengen und als letzte Schicht einfüllen. Mindestens 5 Stunden (besser über Nacht) im Gefrierfach frosten. Die gefrorene Torte auf eine Platte stürzen und mit frischem, geputztem, evtl. je nach Geschmack gezuckertem Obst garnieren.

Florentiner Savarin: Ein Gaumen- und Augenschmaus

Florentiner Savarin

(s. Foto oben)

Teig: 350 g Mehl,
20 g frische Hefe,
2 Eßlöffel Zucker,
1 Tasse Milch,
1 Prise Salz,
150 g Butter,
4 Eier.

Zum Ausstreuen der Form:

Butter,
Semmelbrösel.

Zum Überziehen und Verzieren:
500 g Erdbeeren,
½ Tasse Wasser,
100 g Zucker,
1 Teelöffel weißer Rum.

Mehl in eine Schüssel sieben. Hefe mit 3–4 Eßlöffel lauwarmer Milch und einem Teelöffel Zucker glattrühren. Eine Vertiefung ins Mehl drücken, Hefe hineingeben, mit Mehl bestäuben und zugedeckt an einem warmen Ort ca. 20 Minuten gehen lassen. Restliche Zutaten dazugeben, alles zu einem Teig verrühren. Zugedeckt nochmals 20 Minuten gehen lassen. Teig in die gefettete und mit Semmelbröseln ausgestreute Savarinform füllen und nochmals ca. 15 Minuten gehen lassen. Im Backofen bei 200 Grad ca. 40 Minuten backen. In der Zwischenzeit ⅔ der geputzten Erdbeeren pürieren. Wasser und Zucker erhitzen, bis der Zucker aufgelöst ist. Zuckerwasser, Rum und Erdbeermark mischen und den noch warmen Savarin damit bestreichen. Gut durchziehen lassen und mit den restlichen frischen Erdbeeren verzieren.

Cassata

5 Eßlöffel süße Sahne,
200 g Puderzucker,
500 g Sahnequark,
1 Päckchen Vanillezucker,
150 g Rosinen,
je 50 g Orangenat und Zitronat,
100 g Belegkirschen,
je 30 g Pinienkerne und Pistazien,
100 g Bitterschokolade,
1 fertiger Biskuit-Tortenboden,
2 Schnapsgläschen Maraschinolikör
Zum Verzieren:
1 Becher Sahne,
50 g Puderzucker,
50 g Schokoladen-Raspel,
einige Belegkirschen

Sahne mit Puderzucker und Quark glattrühren. Mit Vanillezucker abschmecken. Etwas durchziehen lassen. Die Rosinen waschen und abtropfen lassen. Orangeat und Zitronat in feine Würfel schneiden. Belegkirschen, Pinienkerne und Pistazien sowie Schokolade feinhacken. Den Biskuitboden in 5 x 7 cm große Stücke schneiden. Eine hohe Schüssel oder eine Kastenform damit auslegen. Mit Likör beträufeln. Alle zerkleinerten Zutaten unter den Quark heben, in die Form oder Schüssel füllen und mit Biskuitstreifen belegen.
Ebenfalls mit Likör beträufeln. 2–3 Stunden gefrieren lassen und anschließend stürzen. Sahne mit Puderzucker steifschlagen und die Eistorte damit verzieren. Mit Schokoladenraspeln und Belegkirschen garnieren.

Eistorte „Surprise“

8 Eier
1 Eßlöffel Rum
4 Päckchen Vanillinzucker
1 Prise Salz
4 Becher Sahne
4 Becher Sahnesteif
100 g Schokoladensplitter
200 g Sauerkirschen
2 Tafeln Vollmilchschokolade
200 g dunkle Kuvertüre
1 Tasse frisch gefilterter Kaffee.

Zum Verzieren:
1 Becher Sahne, 30 g Zucker
1 Päckchen Sahnesteif
Mokkabohnen.

Eier trennen. Eigelb, Rum, Zucker und Vanillinzucker schaumig rühren. Eiweiß und Salz steifschlagen. Sahne mit Sahnesteif schlagen, mit Eigelbmasse, Eischnee, Schokoladensplittern und Kirschen vermengen. Masse in eine mit Frischhaltefolie ausgelegte Springform (Ø 26 cm) füllen und mindestens 4–5 Stunden (besser über Nacht) im Gefrierfach frosten lassen. Die gefrorene Torte auf eine Platte stürzen und die Folie abziehen. Schokolade und Kuvertüre im Wasserbad auflösen, Kaffee unterrühren und die Torte mit Kuvertüre übergießen. Sahne mit Sahnesteif und Zucker steifschlagen, in einen Spritzbeutel füllen, die Eistorte mit Sahnetupfen verzieren. Diese jeweils mit Mokkabohnen belegen.

Ananastorte

(s. Foto rechts)

Für den Boden:
150 g Löffelbiskuits,
150 g Rohmarzipanmasse,
50 g Butter.

Für den Belag:
1 große Dose Ananasstückchen,
12 Blatt weiße Gelatine,
1/8 Liter Weißwein oder Maracujasaft,
Saft von 2 Zitronen,
750 g Magerquark,
150 g Zucker,
3/8 Liter süße Sahne.

Löffelbiskuits fein zerbröckeln. Die Marzipanmasse mit den Fingern zerkrümeln und mit der zerlassenen Butter unter die Bisquitbrösel mischen.
Einen gefetteten Springformrand (24 cm) mit einem Pergament-Papierstreifen auskleiden. Die Bröselmasse an den Springformrand drücken. Gelatine 5 Minuten in kaltem Wasser einweichen. Weißwein oder Maracujasaft, Zitronensaft und die zerkleinerten Ananasstückchen (einige Ananasstückchen zum Verzieren zurücklassen) erhitzen. Abgetropfte Gelatine darin auflösen. Quark mit Zucker verrühren und unter die Gelatinemasse ziehen. Die steifgeschlagene Sahne (etwas zurücklassen) unter die Quarkmasse heben. In die Tortenform füllen. Torte im Kühlschrank ca. 2–3 Stunden fest werden lassen. Anschließend mit Sahnetupfen und Ananasstückchen verzieren.

Ananastorte: Ein sahnig-fruchtiger Genuß

Der besondere Tip: Noch besser schmeckt die Torte mit frischen Ananas. Diese dann in Scheiben schneiden, schälen und würfeln.

Haselnußtorte

200 g Mehl,
350 g Grießzucker,
200 g Haselnußkerne,
50 g Sultaninen,
50 g Kartoffelmehl,
6 Eier,
80 g Butter,
1 Päckchen Backpulver,
60 g Schokoladenpulver,
1 Glas lauwarme Milch,
200 g gehackte Mandeln,
2 Eßlöffel Aprikosenmarmelade,
geriebene Schale einer Zitrone.

Haselnußkerne im Backofen rösten, dann die braune Haut entfernen. Kerne feinhacken. Mehl, Kartoffelmehl, Zucker und Schokoladenpulver mischen. Butter schmelzen und mit den gehackten Nüssen ins Mehl geben. Unter ständigem Rühren ein Ei nach dem anderen dazugeben. Die eingeweichten Sultaninen und die Zitronenschale zufügen. Backpulver in lauwarmer Milch anrühren und unter die Masse ziehen. Eine Springform ausfetten, mit Mehl bestäuben und die Masse einfüllen. Im vorgeheizten Backofen ca. 30 Minuten backen.

Getränke

„Orvieto“ ist ein umbrischer Wein und angenehm fruchtig. Er wird gewöhnlich zum Nachtisch serviert und kann sowohl trocken als auch lieblich sein. –
Der aus der Gegend von Verona stammende „Soave“-Wein gilt bei manchen Kennern als bester italienischer Weißwein. Er ist mild und leicht. „Verdicchio dei castelli di jesi“ wird hauptsächlich in Mittelitalien angepflanzt. Er ist trocken und hat ein leicht bitteres Aroma. Er wird zu Tisch gereicht und paßt besonders gut zu Fisch. –
Zu Rind- und anderen Fleischgerichten paßt der „Grignolino“, der aus der Gegend von Piemont kommt und zu den feinen italienischen Rotweinen zählt. Sein nußartiger Geschmack ist sehr angenehm. –
Ein trockenes, würziges und angenehm bitteres Aroma hat der „Bardolino“. Dieser leichte Rotwein wird an den Ufern des Gardasees in der Nähe von Verona gekeltert. Sehr gut sein, aber auch bitter enttäuschen kann der „Frascati“, bekannt als Tafelwein Roms. Er ist trocken oder auch lieblich, hat eine goldene Farbe und schmeckt – wenn er gut ist – abgerundet und erfrischend. Er muß drei Winter alt sein; diese Bedingung stellt man dem „Barolo“, dem Spitzenwein unter den roten piemontesern. Er ist ölig und schwer und besitzt einen hohen Alkoholgehalt. –
Als starker Tropfen ist der „Grappa“ (feuriger Weinbrand) bekannt, den die Bergbewohner Italiens meist nach einer deftigen Nahrung zu sich nehmen. Ebenso begehrt wie der „Grappa“ ist auch der „Brandy“, der aus Wein zubereitete Branntwein. Diese auf der Grundlage von Weindestillat hergestellte Flüssigkeit muß mindestens 38% Alkohol aufweisen. Sie ist trinkfertig und kann evtl. noch mit Wasser verdünnt werden. –
Er ist ziemlich bitter und scharlachrot. Gemeint ist der Aperitif „Campari“, der 1890 von Davide Campari entwickelt wurde. Er war extra nach Frankreich gegangen, um die Kunst des Aperitifmachens zu lernen. Bereits sein Vater, Caspare Campari, der 1867 ein Café in der Nähe des Mailänder Doms eröffnete, war dort wegen seiner selbst zusammengestellten Aperitifs beliebt und wurde sehr geschätzt.

Melonenkugeln in Weißwein

1 Melone, 2 Gläser Weißwein
3 Eßlöffel trockener Sherry
Zucker, einige Salatblätter.

Melone halbieren, entkernen und aus dem Fruchtfleisch kleine Kugeln ausstechen. Wein mit Sherry und Zucker verrühren und über die Melonenkugeln gießen. Im Kühlschrank gut durchziehen lassen. Melonenhälften mit Zucker ausstreuen, dann auf Salatblätter setzen. Die Melonenkugeln mit dem Saft hineinfüllen und servieren.

Orangentrunk Nizza

1 Liter Orangensaft,
1 Liter Sekt,
1 Weinglas Orangenlikör,
gestoßenes Eis,
Orangenscheiben und Kirschen.

Orangensaft mit Orangenlikör vermischen, gut gekühlt über das Roheis in Gläser gießen und mit Sekt auffüllen. Mit einem Kirsch-Orangenscheiben-Spieß servieren.

Oliven-Long-Drink

15 Oliven,
1 Liter Karottensaft,
1 Becher saure Sahne,
2 Schnapsgläschen Gin,
Salz, Pfeffer,
Zitronensaft.

Oliven pürieren und mit Karottensaft und Gin gut vermischen. Mit den Gewürzen abschmecken und in Gläser verteilen. Nach Wunsch einen Spieß mit Schinkenröllchen, Paprika- und Gurkenstückchen darauflegen.

Orangen-Tomaten-Trunk

1/4 Liter Orangensaft,
3/8 Liter Tomatensaft,
1 Eßlöffel Zitronensaft,
Selleriesalz,
1 Spritzer Worcestersauce,
2 Tropfen Tabascosauce,
1 Prise Zucker, Eiswürfel.

Orangen-, Zitronen- und Tomatensaft mit Selleriesalz, Worcestersauce, Tabasco und Zucker vermischen, abschmekken und auf mehrere Gläser verteilen. Mit Eiswürfeln servieren.

Tomatensaft „picante“

8 Tomaten,
3 Eßlöffel Zitronensaft,
1 Prise Zucker,
2 Spritzer Worcestersauce,
1/2 Teelöffel Rosenpaprika,
Salz,
1 Teelöffel feingehackter Ingwer,
Eiswürfel,
Schnittlauch

Tomaten auspressen und mit Zitronensaft, Zucker, Worcestersauce, Rosenpaprika, Salz und feingehacktem Ingwer verrühren.
Auf mehrere Gläser verteilen und mit Eiswürfeln und mit gehacktem Schnittlauch bestreut servieren.

Tomato-Trunk

1/2 Liter Tomatensaft,
1/2 Liter Gemüsesaft,
Salz, Pfeffer,
Paprikapulver,
etwas Glutamat,
4 Eßlöffel Schlagsahne,
gehackte Kräuter.

Tomaten- und Gemüsesaft mit den Gewürzen in Gläser füllen. Mit einer Haube aus Schlagsahne und Kräutern krönen.

Kaffee

„Dieser Trank ist so köstlich, es wäre eine Sünde, diesen nur den Ungläubigen zu überlassen. Wir wollen den Satan bezwingen, indem wir den Trank taufen, um ihn so zu einem wahren Christengetränk zu machen", sagte Papst Clemens VIII. und bestärkte damit gegen Ende des 17. Jahrhunderts und Anfang des 18. Jahrhunderts mit seinem päpstlichen Segen die Ausdehnung der Kaffeehäuser auf ganz Italien. In kurzer Zeit entstanden rund um den Markusplatz in Venedig immer mehr Cafés, wo sich die Venezianer zu allen Tageszeiten zu einer Tasse Kaffee trafen. – Vor dieser Zeit war das Kaffeetrinken in Italien nur in den wohlhabenden Kreisen üblich. Die weitere Ausbreitung des aromareichen Getränks führte zu kirchlichen Widerständen, so daß christliche Fanatiker den Papst auffordern, „den Trank des Satans" mit dem Kirchenbann zu belegen, wie die Moslems den Wein für ihre Gläubigen verboten hatten. Doch das Kaffeearoma begeisterte das Kirchenoberhaupt dermaßen, daß der Kaffee heute in den verschiedensten Varianten in Italien zu den Nationalgetränken zählt. – Viele Kenner behaupten sogar, in Italien den besten Kaffee Europas zu bekommen.

Eis-Kaffee Rom

(s. Foto S. 47)

4 Eßlöffel gemahlener Kaffee,
3/4 Liter Wasser,
4 Eßlöffel Zucker,
4 Gläschen Weinbrand,
4 große oder 8 kleine Kugeln Vanilleeis,
1/4 Liter Schlagsahne,
Schokoladenraspeln,
Pistazien,
Cocktailkirschen zum Verzieren.

Aus Kaffee und Wasser einen frischen Kaffee zubereiten, süßen und erkalten lassen. Das Vanilleeis in große Gläser füllen, mit Weinbrand übergießen und mit dem kalten Kaffee auffüllen. Jedes Glas mit einer Sahnehaube krönen und mit Schokoladenraspeln, Pistazien und Cocktailkirschen verzieren.

Kaffeelikör „Venezia"

1/2 Liter starker Kaffee,
400 g Zucker,
1/4 Liter Wasser,
1 Liter Weinbrand

Zucker und Wasser zu einem Sirup kochen. Kaffee angießen und alles aufkochen lassen. Weinbrand unterrühren, Flüssigkeit in eine große Flasche füllen und erkalten lassen. Mit einem Korken verschließen und an einem warmen Ort ca. 4 Wochen stehen lassen. Likör filtern und zurück in die Flasche gießen.

Kaffee Sorpresa

1/2 Liter Kaffee,
Stracciatella-Eis,
2 Eigelb,
1 Schnapsgläschen (2 cl) Grappa,
1 Päckchen Vanillinzucker,
ca. 1/4 Liter Milch

Kaffee mit Eis, Eigelb, Grappa, Vanillinzucker und Milch mischen, verschlagen und auf vier Gläser verteilen.

Kaffee mit Schuß

1/2 Liter starker Kaffee,
4 Schnapsgläschen (8 cl) Ramazotti,
Zucker,
Schlagsahne,
Raspelschokolade

Kaffe mit Ramazotti vermischen und mit Zucker abschmecken. Auf mehrere Tassen verteilen, jeweils mit einer Sahnehaube versehen und diese mit Raspelschokolade bestreuen.

Ananas-Eiskaffee

1/2 Liter frisch gefilterter Kaffee
4 Ananasscheiben (Dose)
1 Packung Vanille-Eis
2 Eßlöffel Rum.

Drei Ananasscheiben mit wenig Saft im Mixer pürieren. Eis in kleine Stücke schneiden und mit Kaffee und Ananassaft gut vermischen. Den Rum dazugeben und alles in Kaffeegläser füllen. Mit je einem Ananasstückchen garnieren.

Martini-Kaffee-Mix

1/2 Liter Wasser,
4 Kaffeemaß Kaffee,
1/8 Liter Martini,
4 Eßlöffel Sahne

Aus Wasser und Kaffee einen Kaffee zubereiten. Martini anwärmen, auf mehrere Gläser verteilen und jeweils mit heißem Kaffee auffüllen. Flüssige Sahne darübergießen und servieren.

Kaffee Italio

1 Liter frisch gefilterter Kaffee
4 Gläschen Weinbrand
4 Gläschen Rum
4 Eßlöffel Sahne
4 Eßlöffel zerkleinerte Eiswürfel.

Kaffee mit Weinbrand, Rum, Sahne und Eis gut verquirlen. In Gläser füllen und sofort servieren.

Maraschino-Kaffee

1 Liter frisch gefilterter Kaffee
zerstoßene Eiswürfel
4 Gläschen Maraschino
4 Gläschen Cognac
4 Teelöffel Zucker.

Eiswürfel, Zucker, Maraschino und Cognac auf vier Tassen verteilen und jeweils mit Kaffee aufgießen.

Kaffee-Flip

2 Eßlöffel Zucker
2 Eier, 1/8 l Sahne
1/2 l starker Kaffee
3 Eßlöffel Brandy

Eier und Zucker schaumig schlagen, Sahne und kalten Kaffee unterrühren, mit dem Brandy abschmecken. Auf die Gläser verteilen.

Register

Agnello alla romana 29
Alici arrancate 35
Ananas-Eiskaffee 45
Ananas, gefüllte 37
Ananastorte 43
Aprikosencreme 39
Aprikosen-Parfait mit Mokkasahne 37
Artischockengemüse 11
Artischoken-Gemüse-Suppe 5
Auberginen-Tomaten-Auflauf 10
Austernauflauf 35
Avocado-Creme-Suppe 6
Avocado-Orangen-Zwiebel-Salat 12

Birnen in Rotwein 38
Birnen mit Gorgonzolafüllung 16
Biskuittorteletts mit Erdbeeren und Eis 40
Blätterteigtaschen gefüllt mit Pilzen 17
Blätterteig „Suola" 41
Bohnen-Tomaten-Gemüse 12
Brasato al vino 26
Broccoli mit Zitronensaft 11
Broccoli-Suppe 5

Calamari friti 33
Cannelloni, gratinierte 14
Cannelloni, Spinat- 23
Cassata 42
Champignonsalat 12
Chicoree mit Schinken 11
Coniglio alla Maria 25

Eier, gefüllte 16
Eiersalat, bunter 13
Eiskaffee Rom 45
Eistorte 41
Eistorte „Surprise" 42
Erbsen-Gemüse-Suppe 7

Fasan mit Oliven 31
Feigen mit Sahne 36
Fenchelgemüse, gratiniertes 10
Fenchelknollengemüse 10
Fichi e salame 16
Filettoast 29
Fischauflauf, Mailänder 33
Fisch, gemischter fritierter 35
Fisch, italienischer 33
Fischspieße 35
Fischsuppe 32
Fischsuppe, rote 8
Fischtopf, italienischer 33
Früchteeisbecher mit Schoko-Vanilleeis 37
Frühlingssuppe, italienische 8

Gazpacho 8
Gemüse, buntes 35
Gemüsesuppe 5
Gnocchi alla Romana 15
Gnocchi, Spinat- 15

Hähnchentopf, italienischer 26
Häppchen alla Toscana 14
Hammelragout 31
Haselnußtorte 43
Himbeer-Eisbombe 41
Hirn in Butter 25
Honigmelone Polenta 13
Huhn Marengo 29
Hummertoast 13

Insalata mista 16

Johannisbeer-, Birnen- und Himbeersorbet 36

Käsesuppe, italienische 8
Kaffee-Eiercreme 37
Kaffee-Flip 45
Kaffee Italio 45
Kaffeelikör „Venezia" 45
Kaffee mit Schuß 45
Kaffee Sorpresa 45
Kalbsleber, gebratene, mit Zwiebeln 26
Kalbsschnitzel nach Toscaner Art 29
Kalbsvögel in Weinsauce 29
Karottensalat 11
Kartoffeln, gefüllte 16
Kartoffeltorte 14
Kleine Italiener 41
Klößchen, venezianische 17
Kotelett, Apfel- 31
Koteletts auf italienische Art 28
Koteletts, sizilianische 28
Kürbissuppe 6
Kürbissuppe 8

Lammkeule mit Kartoffeln 29
Lasagne mit Hackfleischsauce 24
Leberhäppchen 13
Leberspießchen mit glasierten Möhren 31

Maccheroncini mit Sauce 23
Maiskuchen 40
Mandeltorte 40
Manzo alla nonna 28
Martini-Kaffee-Mix 45
Melone al porto 13
Melonenkugeln in Weißwein 44
Melonenschiffchen 13
Melone, Schlemmer- 39
Meeräschen vom Grill 35
Meerbarbe, gebackene, mit schwarzen Oliven 33
Minestrone 6
Montblanc 37
Muscheln mit Basilicum 17
Muschelsuppe 32

Nieren, gebratene 25
Nudeln in Thunfischsauce 23
Nudeln mit Pilzen und Würstchen 24
Nudelteig 21
Nudeltopf mit Hackfleischbällchen 23

Oliven-Long-Drink 44
Orangen-Tomaten-Trunk 44
Orangentrunk Nizza 44
Osso buco 31
Ossobuco alla milanese 26

Palmenherzen 10
Panettone 40
Paprikaschoten, gebackene gefüllte 9
Party-Suppe 8
Peperonata 11
Pernici alla champagne 31
Pfirsiche, frische, mit Makronenfüllung 37
Pfirsich-Reis 30
Piccata milanese 28
Pilz-Gemüse-Suppe 7
Pissaladière 20
Pizza
  Adria 18
  Capri 18
  Carciofi 20
  Hefeteig (Grundrezept) 18
  Italia 18
  Legumi 18
  Margherita 20
  Milano 18
  mit Quark 20
  mit Speckscheiben 20
  mit Tomaten 20
  Pizzateig 18
  Vongole 20
Poularde, pikante 28
Prosciutto con melone 16

Radieschen-Thunfisch-Salat 12
Ravioli mit Spinatfüllung 23
Reis mit Bohnen 15
Reispastete 17
Reissuppe 5
Reistorte 16
Rindfleischtopf 26
Risotto 31
Roastbeef 28
Rumpsteak, neapolitanisches 31

Salat Merano 12
Salat, pikanter 12
Salat „Roma" 12
Salatschüssel, bunte 17
Salatschüssel, grüne 12
Saltimbocca alla Romana 26
Sardellen, überbackene 33
Sardinen, fritierte 35
Saucen zu Nudeln:
  Bologneser Sauce 21
  Pesto 21
  Salsa Verde 21
  Tomatensauce 23
Savarin, Florentiner 42
Scampi, ausgebackene 33
Scampi-Spießchen 33
Schellfisch in Alufolie 35
Schmorbraten in Rotwein 28
Schnitzel, gefüllte 28
Schokoladentorte 40
Schwarze Oliven mit pikanter Sauce 17
Schweinefilet, pikantes 29
Sommerspaß 37
Spaghetti alla Carbonara 24
Spaghetti alla vongole 24
Spaghetti mit Schafskäse 23
Spargelplatte 12
Speckklößchen in Brühe 8
Spinatcremesuppe 7
Stangensellerie-Gemüse 11
Steak, mariniertes gegrilltes 28

Thunfisch vom Grill 32
Tintenfisch-Muschelsalat 35
Tira mi su 37
Tomaten, gefüllte 17
Tomaten-Gurken-Suppe 6
Tomaten im Erbsenbett 16
Tomaten-Krabben-Suppe 5
Tomatennudeln 24
Tomaten-Polenta mit italienischem Gemüse 16
Tomatensaft „picante" 44
Tomatensalat 12
Tomatensuppe 8
Tomatensuppe Roma 5
Tomato-Trunk 44
Tortellini verdi mit Nüssen und Trüffelcreme 24

Vanille-Flammeri 38
Vermicelli mit Venusmuscheln 24
Vitello tonnato 25

Weincremetorte 41
Weiße Bohnen nach Florentiner Art 9

Zabaione 39
Zitronencreme 39
Zitronen-Weincreme 38
Zuccotto 36
Zuppa alla Pavese 7
Zuppa di pesce alla rivierasca 32
Zuppa inglese 36
Zwiebeln, gefüllte 9
Zwiebeln, süß-saure 9
Zwiebel-Omelett 17

Bildnachweis:
Versuchsküche Köhnen

Impressum
® Tomus Verlag GmbH
Prinzenstr. 7, 8000 München 19
Telefon 089/132001
Telex 5215528 tvf d
Printed in Italy
ISBN 3-920954-53-X